PROGRAMA DE INICIACIÓN CRISTIANA DE LIGUORI

Jornada de Fe

PARA NIÑOS

PREGUNTAS GUÍA DEL MAESTRO

LIBROS LIGUORI

***Jornada de Fe para Niños, Preguntas Guía de Maestro* (826993)**

Imprimi Potest: Stephen T. Rehrauer, CSsR, Provincial de la Provincia de Denver

Imprimatur: "Conforme al *CIC* 827, el 13 de julio de 2017, el reverendo Mark S. Rivituso, obispo auxiliar de la archidiócesis de St. Louis, concedió el permiso de publicación. El Imprimátur es un permiso para la publicación que indica que la obra no contiene contradicciones con las enseñanzas de la Iglesia Católica, sin embargo no implica la aprobación de las opiniones que se expresan en ella. Con este permiso no se asume ninguna responsabilidad".

Para hacer pedidos llame al 800-325-9521.

El editor de la edición 2017 *Jornada de Fe para Niños* es Theresa Nienaber-Panuski.
Arte/Diseño de: Wendy Barnes, Lorena Mitre Jimenez, John Krus, y Bill Townsend.
Imágenes: Soloviova Liudmyla/Shutterstock. Ilustraciones del interior: Jeff Albrecht

Cumple con *The Roman Missal, Tercera Edición*.

Impreso en los Estados Unidos de América.
23 22 21 20 19 / 6 5 4 3 2
Tercera edición.

Contenido

¡Bienvenidos a *Jornada de Fe*!

Liguori Publications dedica sus esfuerzos a proporcionar a las parroquias recursos de calidad tales como *Jornada de Fe*. Desde 1993, *Jornada de Fe* se ha hecho de un nombre como programa merecedor de la confianza y el aprecio de los catequistas para ser utilizado a lo largo del proceso del RICA. Puesto que la Iglesia Católica asume los retos y las gracias que consigo aporta cada generación, *Jornada de Fe* ha ido siendo cuidadosamente desarrollada para ayudarte a satisfacer las cambiantes necesidades de los adultos, adolescentes y niños que indagan y procuran iniciarse en la Iglesia Católica –siempre antigua, siempre nueva.

Jornada de Fe es un programa coherente, integral y flexible. Las cuarenta y ocho lecciones catequéticas y las tres *Guías del Maestro* generan un proceso de formación práctico y atractivo para los maestros de equipos, catequistas y participantes de hoy. Todos los materiales tienen como referencia el *Catecismo de la Iglesia Católica* y cuentan con el *imprimátur* de la arquidiócesis de St. Louis.

Los niños no bautizados mayores de siete años han de ser considerados catecúmenos. Liguori pone a la disposición de todos los niños necesitados de formación o de los sacramentos *Jornada de Fe para niños*. Todos los productos de *Jornada de Fe para niños* están disponibles en español con ese título.

Esperamos que disfrutes *Jornada de Fe* y que les resulte esclarecedora e interesante a todos. Para informarte sobre la colección completa de títulos destinados a la preparación para los sacramentos, para las suscripciones parroquiales, para los libros sobre formación y espiritualidad, y otros fines, sírvete visitar Liguori.org.

—Los editores

Una Reseña del RICA

Desarrollo histórico

La decisión de convertirse en miembro de la comunidad cristiana de los primeros tiempos acarreaba graves consecuencias. Convertirse al cristianismo significaba romper con los orígenes y frecuentemente demandaba la ruptura de los lazos existentes con los miembros no cristianos de la propia familia. En muchos casos, esa decisión significaba la disposición a sufrir persecuciones o hasta la muerte, como ocurrió en los casos de las mártires Perpetua, miembro de la nobleza cartaginesa, y Felicidad, una esclava embarazada –ambas se negaron a formular acusaciones contra el cristianismo y fueron martirizadas en el anfiteatro durante los juegos públicos celebrados alrededor del año 200 d.C.

Al igual que la decisión de convertirse al cristianismo no se adoptaba a la ligera, el proceso de formación no era ni rápido ni fácil. Los catecúmenos –las personas inmersas en el proceso de preparación para el bautismo– eran invitados a emprender con la comunidad una jornada que se desarrollaría paso a paso y se extendería durante tres o más años antes de que pudiesen ser aceptados como miembros plenos. Durante este proceso se esperaba de ellos que no solo comenzaran a aceptar las creencias del cristianismo sino que también comenzaran a llevar una vida cristiana. La comunidad compartía su fe con los catecúmenos y celebraba con ellos cada paso dado.

Uno de los periodos de esa preparación ha permanecido vigente a través de los siglos: el tiempo de Cuaresma. Originalmente, este tiempo era el de la preparación inmediata al bautismo, el cual se celebraba durante la Vigilia Pascual. Durante la Cuaresma, toda la comunidad cristiana –especialmente los catecúmenos– se dedicaba a la oración, el ayuno y la introspección. En el caso de los ya bautizados, ese era un tiempo para rememorar y renovar su compromiso original.

Durante la solemne Vigilia Pascual, los catecúmenos –ya denominados los elegidos– recibían los sacramentos de la iniciación (Bautismo, Confirmación y Eucaristía) y se les daba la bienvenida a la comunidad. Por lo general, esta iniciación era celebrada únicamente durante la Vigilia Pascual. No obstante, la formación de los recién bautizados no concluía con los ritos de la noche del Sábado Santo sino que continuaba con la instrucción que se recibía posteriormente y con la cotidianeidad de la vivencia de los valores cristianos.

Este proceso comenzó a cambiar en el siglo IV, cuando los cristianos pasaron de ser periódicamente perseguidos a ser tolerados. Debido al favor mostrado por muchos emperadores al cristianismo, este pasó a estar de moda y muchas personas comenzaron a ingresar al catecumenado por razones sociales y políticas. Como resultado de ello, el patrón y las normas relativas a la formación cristiana fueron gradualmente transformándose hasta el punto de que los ritos de iniciación se separaron en los tres sacramentos que conocemos y celebramos en la actualidad. El bautismo infantil se convirtió en la norma y el catecumenado desapareció.

La Iglesia publicó el primer *Catecismo Romano* en 1566, tras el Concilio de Trento. Dicho libro doctrinario fue presentado en formato de preguntas y respuestas y fue utilizado para la instrucción de los fieles. Los catecismos de ese corte sentaron las bases para las que posteriormente fueron conocidas como "clases para conversos". Valiéndose del modelo maestro–estudiante, el sacerdote se reunía con los interesados y les ayudaba a memorizar determinadas plegarias y a aprenderse el material del catecismo. La duración del proceso, el material que se abordaría y el formato adoptado se dejaban a discreción del sacerdote o a lo acostumbrado en la parroquia, y eran muy pocas las directivas externas recibidas.

Cursar exitosamente esas clases se traducía en el bautismo o la recepción formal en la Iglesia Católica. Ese acontecimiento se celebraba generalmente en una ceremonia privada a la que solo asistían los familiares más cercanos. Los recibidos en la Iglesia eran confirmados por el obispo en la catedral o recibían el sacramento en su parroquia local cuando el obispo la visitaba para confirmar a los niños en edad escolar. La posterior instrucción de los nuevos católicos –si es que había alguna– podía consistir en que se les enviase a un curso formal de liturgia, Escrituras, dogma o moralidad.

Tras la Segunda Guerra Mundial, la Iglesia de África hizo un llamado a realizar cambios en la formación de los nuevos católicos. Allí comenzaron a utilizar el antiguo estilo de catecumenado para proporcionar estabilidad a la formación y extender su duración a un periodo que permitiese la maduración de la fe. El Concilio Vaticano Segundo hizo un llamado a la revisión exhaustiva de todos los ritos (Constitución sobre la Sagrada Liturgia [*Sacrosanctum Concilium*], 4) y se estableció un comité que emprendió el estudio y la revisión formales de los métodos conducentes al bautismo o la incorporación a la Iglesia Católica. Dicho estudio tuvo como resultado la promulgación del *Rito para la Iniciación Cristiana de Adultos* (RICA) en 1972.

Fue así como el catecumenado fue restaurado: volvió a ser un proceso de formación santificado por varios ritos litúrgicos que señalan el avance en *Jornada de Fe* y culminan con la integración plena a la comunidad cristiano-católica. Parte esencial de la revisión ha consistido en que todo el proceso y sus ritos han de ser celebrados con, y en el contexto de, la comunidad parroquial local y la diócesis.

La escolástica o el modelo de la formación catequética continuada

El catecumenado es considerado más bien un proceso que un programa debido a que es una jornada espiritual que varía de acuerdo con el momento, el lugar y las necesidades individuales. El mismo se enfoca especialmente en;

- El *desarrollo de la fe* (más bien que en el dominio de la doctrina) y en la maduración de la relación personal con Dios.
- *Crear y alimentar las relaciones establecidas* no solo entre participantes y maestros, sino también en el seno de la comunidad parroquial y entre esta y la Iglesia universal.

La mayoría de las parroquias de los Estados Unidos siguen una programación académica que comienza en septiembre y se extiende hasta mayo. No obstante, este enfoque puede que haga que el proceso se perciba como algo forzado y apresurado o como un curso que se centra en el *contenido* de la fe en lugar de en la experiencia de *profundización de la conversión* y el creciente compromiso del participante. Por esa y por otras razones (por ejemplo, el riesgo de que el *Catecismo* se convierta en el "libro de texto" principal del curso y no en el *Leccionario* del mismo) es que muchos ministros de la pastoral prefieren adoptar para el proceso un modelo de formación continuada. *Jornada de Fe* puede adaptarse bien a diversos modelos y su inherente flexibilidad permite la utilización de muchos formatos.

Su flexibilidad es una de las mayores ventajas del RICA. Dentro de ciertos parámetros, el sacerdote dispone de libertad para acomodar los ritos según considere conveniente para ajustarlos a las necesidades de los participantes y la parroquia. A ustedes, en su calidad de catequistas y maestros, se les insta a hacer uso de su sano juicio para desarrollar un proceso que se ajuste tanto a las necesidades de los catecúmenos como a las de los candidatos.

Los periodos

Esta sección brinda una detallada información acerca de los periodos del RICA. En las lecciones *P1: ¡Bienvenidos al RICA!* y *C1: El proceso y los ritos del RICA* se incluyen orientaciones básicas acerca del proceso del RICA. El conjunto de estas dos lecciones sirve de base para que los participantes emprendan su formación en la fe. Los planes de clase te sirven de apoyo a ti, el maestro, y te proporcionan notas específicamente vinculadas con el programa.

Evangelización y pre catecumenado (Preguntas)

El primer periodo se denomina Preguntas o Precatecumenado. Durante este periodo, los interesados establecen relaciones entre sí y con sus catequistas. Las sesiones son informales y con frecuencia se centran en cuestiones tales como:

- ¿Qué es la fe?
- ¿Quién es Dios y por qué se interesa en mí?
- ¿Cómo ve la Iglesia la Biblia y los sacramentos?
- ¿Qué papeles desempeñan María y el papa?
- ¿Por qué hay imágenes en las iglesias católicas?

Los que se han interesado en la Iglesia someterán a examen la forma en que sus miembros celebran juntos el culto y cómo viven la fe cristiana. Las primeras impresiones recibidas de la parroquia y de todos los involucrados son muy importantes. El periodo culmina cuando quien se ha acercado decide entrar al catecumenado, el periodo de preparación formal para integrarse a la Iglesia Católica como miembro pleno de ella.

Catecumenado

El *Rito de aceptación* marca el inicio del catecumenado, un periodo de estudio y reflexión sobre la fe. Es en este momento que los interesados se convierten en catecúmenos. Los candidatos (los ya bautizados que se están preparando para ser miembros plenos de la Iglesia Católica) ingresan formalmente al proceso del RICA mediante el *rito de bienvenida*. Ambos grupos declaran públicamente su intención de continuar su formación y la comunidad les brinda su apoyo para la jornada. Los espónsores actuarán como acompañantes y modelos de fe y les brindarán su apoyo personal.

La duración de este periodo dependerá de las necesidades de cada uno de los participantes y de la comunidad. Su duración puede ser de varios meses o de un par de años. Durante ese tiempo, los catecúmenos y candidatos:

- se instruirán en la fe católica
- conocerán diversos tipos de plegarias
- se unirán a la comunidad en el culto, los eventos sociales y las actividades caritativas
- participarán en la vida apostólica de la Iglesia.

Durante el catecumenado, la catequesis generalmente tiene lugar durante la liturgia dominical. Los participantes son despedidos en espíritu de oración después de la Oración Universal (Oración de los Fieles); los catequistas, y en ocasiones los espónsores, se les unen para reflexionar sobre las lecturas del día y conectarlos con su fe y la vida de la Iglesia.

> Deberá haber celebraciones de la palabra de Dios que concuerden con el tiempo litúrgico y que contribuyan a la instrucción de los catecúmenos y a las necesidades de la comunidad (…) Las celebraciones de la palabra también pueden llevarse a cabo durante las reuniones catequéticas o instructivas de los catecúmenos, de manera tal que estas se desarrollen en un contexto de oración.
>
> *(RICA 81, 84).*

Discernimiento

El *rito de elección* se celebra una vez que los catecúmenos y candidatos están listos para solicitar formalmente los sacramentos de la iniciación y que los catequistas y padrinos están dispuestos a recomendarlos al obispo y a la comunidad parroquial para su ingreso pleno a la Iglesia. El *rito de elección* marca el comienzo del periodo de Discernimiento, el tiempo inmediato a la preparación para la iniciación o recepción plena que tiene lugar en la Vigilia Pascual (*Jornada de Fe* denomina Discernimiento a este periodo).

Con la Cuaresma comienza un "retiro" de cuarenta días en el que la parroquia se une a los elegidos en su preparación para los misterios celebrados en la Vigilia Pascual. Las sesiones del RICA se caracterizan más bien por el incremento del énfasis dado a la oración y la vida interior que a la acumulación de conocimientos. Muchas parroquias conceden tiempo para la realización de un día de oración destinado especialmente a los elegidos y a quienes los apoyan.

Los escrutinios se celebran durante la liturgia de los domingos tercero, cuarto y quinto de Cuaresma. Estos ritos son oraciones de sanación con las que se recuerda a los elegidos, y también a los fieles, que todos necesitamos de permanente sanación, conversión y reconciliación.

Catequesis posbautismal (Mistagogia)

La Vigilia Pascual no representa el final del proceso del RICA sino el comienzo del compromiso de ir descubriendo de modo continuado la tradición cristiano-católica y su adopción como estilo de vida. Los cincuenta días que van de Pascua a Pentecostés se denominan periodo de *mistagogia*, vocablo griego que significa "penetrar los misterios". En tiempos de la Iglesia de los inicios, ese tiempo se empleaba en explicar los misterios de los sacramentos. En la actualidad, este periodo es un tiempo para que los neófitos (los recientemente convertidos) de hoy:

- continúen reuniéndose, orando y nutriendo su fe
- profundicen en la comprensión de la palabra de Dios y los sacramentos valiéndose de las experiencias vividas
- enfoquen más su atención en los aspectos apostólicos o de justicia social de la cristiandad católica
- reclamen un nuevo papel al servicio de la comunidad. (Todos los católicos están invitados a participar activamente en la vida de la parroquia, la cual incluye el culto, la administración y la comunidad.)

Papel de los espónsores y padrinos en RICA

> "En la medida de lo posible, a quien va a recibir el bautismo se le ha de dar un padrino, cuya función es asistir en su iniciación cristiana al adulto que se bautiza, (…) y procurar que después lleve una vida cristiana…".
>
> *(Canon 872)*

Antes del rito de aceptación, para todos los catecúmenos han de escogerse espónsores para el RICA. Los espónsores representan a la comunidad parroquial y ayudan a la Iglesia en la preparación de los catecúmenos para el bautismo (en este caso, la iniciación), sirven como testigos de su fe y se comprometen a ayudarles a llevar una vida acorde con la fe católica.

En el Canon 874 se enumeran los criterios básicos para la selección de los espónsores. Estos lineamientos son los mismos para los padrinos de bautismo y los espónsores de confirmación, aunque sus papeles son algo diferentes.

1. El espónsor ha de ser designado o invitado a serlo por el catecúmeno o candidato. Si él o ella no ha pensado en alguien en específico, el maestro del RICA o el párroco seleccionarán una persona apropiada de entre un grupo de fieles que se han ofrecido voluntariamente para ello. Ello se asemeja a la forma en que los padres escogen a los padrinos de bautismo de sus niños.
2. El espónsor ha de tener al menos dieciséis años de edad –en otras palabras, ha de tener la madurez suficiente para comprender y cumplir con tan importante papel.
3. El espónsor ha de ser un católico ya confirmado "que lleve una vida de fe" –alguien que ya se ha comprometido con y tiene la experiencia de quien emprendió la jornada de la fe católica.
4. Ningún espónsor estará afectado por una sanción canónica, como es el caso de la excomunión.
5. El espónsor no puede ser uno de los padres del participante. En el caso del bautismo de un niño o niña, ya los padres desempeñan un papel excepcional e importante. Algunos catecúmenos adultos desean tener como espónsor a su cónyuge o a un amigo cercano. Generalmente esto se desaconseja y los maestros y pastores del RICA pueden ayudar al catecúmeno a decidir si el potencial espónsor es lo suficientemente experimentado y objetivo para cumplir con ese papel.

Los líderes del RICA deberán elaborar una lista de los fieles que están en disposición de convertirse en espónsores y deberán mantener actualizados esos contactos dado que cada año se presentan nuevos interesados. Es importante que los espónsores que no tengan una relación previa con su participante estén conscientes de que se están comprometiendo a entablar una relación espiritual permanente. Si bien es cierto que su papel eclesial termina con el rito de elección, es frecuente que los espónsores sirvan de, o sustituyan a los, padrinos y se comprometan así a un apoyo que dura por toda la vida.

Los padrinos son seleccionados antes del rito de elección (*RICA/Ritos* 123). Al igual que los espónsores, ellos estimularán, inspirarán e incluso demandarán a los elegidos que asuman con responsabilidad su fidelidad a Cristo. Siempre que sea posible, inste a los catecúmenos a utilizar su espónsor del RICA como padrino o madrina de bautismo. Otras disposiciones referidas a los padrinos podrán encontrarse en *Jornada de Fe para Niños, Guía del Maestro del Catecumenado.*

Los ritos

Rito de aceptación al orden de los catecúmenos

Este rito señala la primera transición en la jornada –el paso de ser alguien buscando información a ser un catecúmeno activo. (En el caso de los candidatos en busca de la plena comunión con la Iglesia, se utiliza el *rito de bienvenida*. En el *rito* 507 y los que le siguen se hallan los detalles acerca del rito combinado.) La importancia de este paso es bien reconocida por la Iglesia.

1. Puesto que simboliza el acercamiento a la comunidad, quienes piden ser recibidos comienzan por, en compañía de sus espónsores, esperar de pie a la puerta del templo (*Rito* 48). El celebrante los presenta a los fieles presentes en el culto y les pregunta, "¿Qué le pides a la Iglesia?" Ellos declaran su deseo de ser iniciados, queriendo con ello decir declarar su intención de vivir, aprender y amar con la comunidad.
2. Se hace la señal de la cruz sobre la frente de cada uno de ellos, como símbolo del amor y la fortaleza de Cristo que acompaña a cada persona (*Ritos* 54–55). Este signo de fe puede también ser hecho en sus:
    a. oídos (para escuchar la voz de Dios),
    b. ojos (para ver la gloria de Dios),
    c. labios (para responder a la palabra de Dios),
    d. corazón (para que Cristo pueda habitar en él),
    e. hombros (para cargar el suave yugo de Cristo),
    f. manos (para que su trabajo dé testimonio de Cristo), y
    g. pies (para seguir la senda de Cristo) (*Rito* 56).
3. Después de firmar, los catecúmenos y espónsores son formalmente invitados a entrar al templo y unirse a la celebración de la Liturgia de la Palabra (*Rito* 60). Después de la homilía, los catecúmenos serán llamados al frente y se les despedirá con un ejemplar del Libro de los Evangelios o con una cruz (*Rito* 64). Se les incluye entonces de forma muy especial en las plegarias de intercesión de la misa antes de despedirlos formalmente de la asamblea para orar y reflexionar sobre las Escrituras (*Ritos* 65–67).

Otros ritos del catecumenado

Otros ritos propios de este periodo son, aunque opcionales, de significación tanto para el desarrollo en la fe de los participantes como de la feligresía;

- celebraciones de la Palabra de Dios (*Ritos* 81–89)
- exorcismos menores (*Ritos* 90–93)
- bendiciones (*Ritos* 95–96)
- unción (*Ritos* 98–101)
- envío (*Ritos* 106–17).

Rito de Elección

La importancia de este rito se acentúa por el hecho de que frecuentemente lo celebra el obispo (o el representante del obispo) en la catedral diocesana. La transición se subraya aún más por el cambio de título y por la previa selección del padrino o madrina, o de los padrinos.

Una vez que los catecúmenos han sido presentados al obispo y han recibido la aprobación de la asamblea (*Ritos* 130–31), sus nombres son inscritos en el Libro de los Elegidos (*Rito* 132). A este sagrado momento le siguen plegarias de intercesión y una bendición especial a los elegidos.

Los escrutinios

1. El *primer escrutinio* tiene lugar el tercer domingo de Cuaresma. Se centra en la historia de la samaritana del pozo (Juan 4:5–42). Después de las oraciones de intercesión especiales, el celebrante ora por que el elegido sea exorcizado de los poderes del pecado (*Ritos* 150–156). En el curso de la siguiente semana, deberá realizarse formalmente la *Presentación del Credo*, preferiblemente después de la homilía de la misa (*Ritos* 157–63)

2. El *segundo escrutinio* tiene lugar el cuarto domingo de Cuaresma. Se centra en la historia del ciego de nacimiento (Juan 9:1–41). Nuevamente, después de las intercesiones el celebrante reza por que el elegido sea exorcizado de los poderes del pecado (*Ritos* 164–70).

3. Con el quinto domingo de Cuaresma llega el *tercer escrutinio*. Este domingo se centra en el despertar de Lázaro de entre los muertos (Juan 11:1–45). A continuación vienen las oraciones de intercesión de la comunidad de los fieles y, posteriormente, las oraciones de exorcismo del celebrante (*Ritos* 171–77). Durante la siguiente semana deberá realizarse la *Presentación de la Oración del Señor*, preferentemente después de la lectura de la *Oración del Señor* en el Evangelio de Mateo. Terminada la homilía, el celebrante pide a la comunidad que recen en silencio por los elegidos. Antes de despedirlos, el celebrante dirige a los elegidos una bendición específica para la ocasión (*Ritos* 178–84).

Ritos de preparación

Cuando sea posible reunir a los elegidos para reflexionar y orar en el Sábado Santo, estos ritos pueden usarse como preparación inmediata para la recepción de los sacramentos (*Rito* 185 y siguientes). Si la *Presentación del Credo* o la *Presentación de la Oración del Señor* todavía no se han celebrado, pudieran celebrarse en esta ocasión. El *rito de éfeta* (el rito de abrir los oídos y la boca que simboliza la escucha y la proclamación de la Palabra) es un rito preparatorio apropiado, como lo es también el *rito de elección de un nombre bautismal*. Cualquiera de estos ritos o el conjunto de ellos sirve para preparar la escena para la etapa culminante de la experiencia del RICA: los sacramentos de la iniciación.

Sacramentos de la Iniciación

Después de meses o años compartiendo la fe, la jornada del RICA culmina con esta especialísima celebración parroquial. El Sábado Santo es la noche para ella, y la Iglesia la celebra con gran ceremonia. En la Iglesia de los inicios la Vigilia Pascual se extendía hasta el amanecer; en la actualidad, la vigilia dura solo unas pocas horas (entre dos y cuatro horas, en dependencia de la parroquia). Es la celebración más gloriosa de todo el año litúrgico.

1. La noche comienza en total oscuridad. La comunidad parroquial puede reunirse fuera para la bendición del fuego. Entonces, al ir avanzando el celebrante por el templo mientras proclama la *Luz de Cristo*, cada una de las personas va encendiendo una vela con el fuego del nuevo cirio pascual que ha sido bendecido y encendido con el fuego nuevo. Pronto la iglesia resplandecerá.

2. La Liturgia de la Palabra comienza al encenderse la luz. Se dispone de siete lecturas del Antiguo Testamento pero no es necesario proclamar las siete. En algunos lugares, las lecturas del Antiguo Testamento son proclamadas a la luz de las velas. Los salmos se intercalan entre las lecturas..

3. Antes de la lectura de la epístola del Nuevo Testamento, resuena el *Gloria*, se encienden los cirios del altar y las luces eléctricas, y las campanas de la Iglesia repican jubilosamente. Con esto, el glorioso *Aleluya*, el Evangelio y la homilía todo queda listo para los sacramentos de la iniciación.

4. El rito del Bautismo comienza cuando se pide a quienes van a bautizarse que pasen al frente. A ello le sigue la letanía de los santos y el celebrante bendice el agua sumergiendo el cirio pascual en la pila bautismal. A continuación viene el bautizo, para el cual los bautizados visten de blanco.

5. Una vez concluidos los bautizos, a los candidatos se les pide que pasen al frente para que proclamen que creen en la santa Iglesia Católica. Ellos se unen a los recién bautizados y el rito de la Confirmación se celebra con la imposición de las manos y la unción con el crisma. Después toda la asamblea renueva sus promesas bautismales y el celebrante asperja a todos los presentes con la recién bendecida agua del bautismo.

6. La misa continúa con la Oración Universal y la Liturgia Eucarística. Cuando llega el momento de recibir la Comunión, los nuevos católicos –junto a sus padrinos, espónsores, catequistas y miembros de su familia– encabezan la fila para el banquete eucarístico. Esta es la culminación de la iniciación: el compartir la mesa y ser enviados.

Rasgos distintivos de un verdadero catequista o miembro del equipo del RICA

No hay que ser un profesor de teología o un ministro de Dios para ser un catequista exitoso. Algunos rasgos y técnicas pueden hacer más fácil y disfrutable el proceso de formación en la fe.

- ***Reúnanse regularmente durante todo el proceso***. Desde varias semanas antes del comienzo de un nuevo programa o de la llegada de un nuevo interesado en integrarse al proceso, repasa los materiales y determina dónde y cuándo se celebrarán los encuentros. Una buena planificación garantiza que el proceso se desarrolle sin tropiezos.
- ***Sé flexible***. Resístete a la tentación de elaborar un cronograma preciso. Mantente abierto a la acción del Espíritu en quienes se han presentado al programa. Cada sesión deberá incluir una oportunidad para abordar cuestiones que quedaron inconclusas o que, aunque tratadas previamente, deben ser retomadas. Es frecuente que, entre una y otra sesión surjan preguntas que no salieron a relucir cuando se reunieron.
- ***Pon a todos y cada uno de los miembros del equipo al tanto de los temas discutidos***, los materiales abarcados y las cuestiones surgidas en cada sesión para que haya continuidad entre las sesiones y los presentadores. Contacta a los presentadores de la próxima sesión e infórmales brevemente qué cuestiones salieron a relucir o deban quizás ser abordadas.
- ***Vincula tus presentaciones y discusiones a las experiencias de vida de los participantes.*** Los catequistas y miembros de equipos son coaprendices, catalizadores y compañeros –no directores. Comparte con los niños de tu clase historias con las que puedan relacionarse y utiliza un lenguaje no complicado pero que no menosprecie en modo alguno su inteligencia.
- ***Sé atento y receptivo.*** La comunicación, especialmente la escucha activa, es una de tus más valiosas herramientas para crear confianza. Mira a la persona y ponle toda tu atención. Trata de escuchar y mantener una actitud abierta con respecto a lo que se dice. Haz que cada uno de los niños de tu clase sepa que te interesa realmente.
- ***Sé empático y sensible.*** Para eso hay que tener una actitud compasiva y estar consciente de tus reacciones y prejuicios. Acepta y confirma la unicidad de cada individuo y alimenta en ti el deseo genuino de sentir con él o ella. El resto del grupo seguirá tu ejemplo. Crea un espacio seguro para que en él los niños exploren su fe. Nunca aísles a un niño o una niña ni le hagas sentir que sus pensamientos o preguntas no son normales. Si un niño o una niña es difícil o interrumpe la clase, abórdale a solas y muéstrate compasivo pero firme. De ser necesario, reúnete con sus padres y discute con ellos tus preocupaciones.
- ***Aprovecha las oportunidades para renovarte y entrenarte.*** La fe es una relación. Si bien las rutinas y hábitos son útiles, no vivas siguiendo un guion. Mantén una actitud abierta a las oportunidades y a las digresiones creativas del Espíritu. Sobre todo, haz tiempo para tu propio crecimiento espiritual. Dedica todos los días un tiempo a la oración. Practica tu fe. Crece como cristiano. Mantente informado sobre las nuevas enseñanzas y tendencias de la Iglesia. Asiste a retiros y seminarios y lee libros que desarrollen tu entendimiento y tus habilidades como ministro. Que tu presencia en los sacramentos y tu actividad en la vida de la parroquia sean como esperas que lo sean las de tus catecúmenos y candidatos.
- ***Crea un equipo de hospitalidad.*** Este equipo proporcionará los *snacks* y bebidas para cada sesión y un menú bien planeado y generoso para el retiro de la Vigilia Pascual. Este equipo no tiene que permanecer en las reuniones. De hecho, puede que deseen mantenerse en el anonimato hasta el retiro, ocasión en la que los miembros del equipo pueden darse a conocer a sí mismos y al amor de Cristo en acción.
- ***Crea un equipo de intercesión***. Consigue feligreses que se comprometan a convertirse en

compañeros de oración (un intercesor secreto que prometa rezar por un catecúmeno o candidato específico durante todo el proceso del RICA). Si tu parroquia tiene una escuela parroquial o un grupo de jóvenes, insta a los niños más grandecitos o a los adolescentes a convertirse en "compañeros de oración" de los niños de tu grupo. ¡Los niños se sentirán estimulados a ser activos en su nueva fe si ven que otros de su edad y sus mentores también la practican!

Rasgos distintivos de un verdadero espónsor del RICA

No existe un modo único de ser un buen espónsor, pero es cierto que determinadas cualidades acrecientan sus potencialidades. Estas cualidades te ayudarán a reclutar, mantener e incluso *ser* un mejor espónsor:

- ***El espónsor es alguien dispuesto a compartir la fe.*** El espónsor le hablará a su catecúmeno acerca de su fe, su amor, su compromiso y su relación con Jesucristo. Es una persona que transmite de forma simple nuestra fe en palabras y acciones que ayudan al catecúmeno a profundizar en su relación con Jesús.
- ***El espónsor es alguien que valora la oración.*** El espónsor, porque conoce la importancia que ella tiene, lleva una activa vida de oración y ora por su catecúmeno. Es una persona consciente de que existen muchas maneras diferentes de rezar y se muestra sensible al respecto. Puede que incluso enseñe a su catecúmeno cómo rezar.
- ***El espónsor es una persona afable y hospitalaria.*** Un buen espónsor hace que su catecúmeno se sienta a gusto en la parroquia y sus inmediaciones. Ya sea en una sesión del RICA, en misa o en cualquier otra actividad parroquial, esta es una persona que se dirige al catecúmeno para saludarle, se sienta junto a él o ella y le presenta a las otras personas.
- ***El espónsor sabe escuchar.*** Todos los catecúmenos están buscando a Dios de una u otra forma. Algunos son muy comunicativos con relación a su historia y sus dudas; a otros les cuesta hablar de ello. A veces lo que *no* se dice es lo más revelador. Un buen espónsor permanece disponible, respeta la privacidad y escucha todo (si es que no infiere más de) lo que el catecúmeno le cuenta.
- ***El espónsor es una persona comprensiva y dispuesta a dar su apoyo.*** El espónsor trata de comprender los sentimientos, preocupaciones, alegrías e incertidumbres del catecúmeno. Es una persona empática y compasiva en cualquier situación que se presente y sin importar cómo opina la persona al respecto. El espónsor debe también mantener comunicación con los padres del catecúmeno puesto que es importante que el niño, durante su jornada con el RICA, cuente no solo con el apoyo de su espónsor sino también con el de ellos. Si surgiera alguna cuestión seria, el espónsor puede remitir al catecúmeno al coordinador del RICA o al párroco.
- ***El espónsor es una persona informada y vinculada con seriedad a la Iglesia.*** Un buen espónsor ayuda a su catecúmeno manteniéndose informado no solo sobre las noticias y eventos de la parroquia y el RICA, sino también sobre el conjunto de la Iglesia universal. Es una persona que lee el boletín, sigue en los medios las informaciones y comentarios sobre la Iglesia y está al tanto de la programación del RICA o, lo que es aún mejor, asiste siempre que le es posible a las sesiones y obtiene copias del material para poder compartir opiniones y renovar sus conocimientos.
- ***El espónsor encara los retos.*** Si un catecúmeno muestra falta de compromiso, importantes titubeos o resistencia al proceso, el espónsor debe preguntarle con amabilidad qué sucede. La sinceridad y la disposición a conversar sobre los potenciales conflictos garantizarán el bienestar espiritual del catecúmeno y obrarán en pro del mejor interés del catecúmeno y la Iglesia. Puede que el coordinador del RICA o el párroco conozcan cuál es la mejor manera de abordar las situaciones difíciles.

La integración a la comunidad parroquial

El proceso del RICA puede renovar la parroquia entera. El proceso es un recordatorio permanente de cuáles son nuestras raíces, el legado que hemos recibido y nuestras tradiciones. Cada comienzo nos ofrece la oportunidad de que todos podamos volver a hacer nuestra propia jornada de fe, manifestar cómo es que Dios nos acompaña y madurar en nuestra relación con Dios y con los demás. Cuando tiene expresión en la vida de la parroquia, el RICA puede facilitar que la comunidad esté en constante proceso de conversión y que ofrezca una imagen cada vez más clara del reino de Dios.

- Proporciona información siempre actualizada sobre el RICA al boletín parroquial, el boletín de prensa o el sitio web, dando a conocer los modos en que los fieles pueden ayudar al grupo, y los nombres y las caras de los participantes (ver más arriba equipos de hospitalidad e intercesión).
- Pon en la capilla de adoración cartelitos con los nombres de los catecúmenos y candidatos para recordarles a los visitantes que intercedan por los participantes en el RICA.

- Cuando esté próximo el rito de elección, pon en exhibición en el vestíbulo de la iglesia fotos de los participantes en el RICA para recordarles a los miembros de la comunidad parroquial que les den la bienvenida y recen por ellos. (Cuando trabajes con niños, necesitarás tener el consentimiento de los padres para poner fotos de los niños en lugares públicos. En caso de que no puedas dar a conocer las fotos, una del salón no estando presentes los niños también servirá como recordatorio para que se rece por el grupo).
- Invita a los grupos y comités parroquiales a que envíen al grupo mensajes de estímulo. En ellos se pudiera incluir una breve presentación sobre su membresía o ministerios, así como un regalo especial:
  - Uno de los grupos de hombres o de mujeres pudiera proporcionar diarios o útiles de escritura.
  - El grupo a cargo del rosario pudiera enviar rosarios para la lección sobre oraciones y prácticas católicas.
  - Los voluntarios a cargo de las cenas con pescado de los viernes de Cuaresma o del *pantry* pudieran aportar los *snacks* para cada una de las sesiones.
  - Los encargados de la ornamentación del templo o el equipo de mantenimiento pudieran entregar todos los meses flores para la habitación.
  - La escuela parroquial o el grupo juvenil pudieran diseñar tarjetas o marcapáginas para los niños del RICA. También pudieras pedir a los estudiantes de *high school* de la parroquia que cada uno de ellos se haga "cuate" de un niño de tu grupo y le envíe a él o ella un *care package* del RICA.

Necesidades individuales de los participantes.

Nadie puede predecir la composición de un grupo del RICA. La diversidad de edades, antecedentes y necesidades catequéticas presentes en cualquier grupo, año o parroquia puede ser enorme.

Tradiciones religiosas y nivel de formación

Vas a recibir a participantes de diversa procedencia religiosa. Puede que algunos no hayan tenido ninguna formación religiosa o no tengan concepto alguno –o, si acaso, poco– de lo que son la Iglesia, la fe y la salvación. Otros pudieran haber heredado prejuicios sobre determinadas doctrinas de la Iglesia. Pudieras tener a alguien que fue bautizado en otra denominación cristiana y hubiese sido activo en ella, y alguien que fue bautizado como católico pero no fue criado en el seno de la Iglesia. Si bien generalmente los catecúmenos y los candidatos participan juntos en las sesiones, la experiencia de vida de un cristiano activo y la de alguien sin ningún antecedente de fe exigen la adopción de perspectivas distintas. Durante la celebración de los ritos, ha de hacerse evidente que la naturaleza del bautismo es una realidad y es por ello que quizás resulte necesario separar a esos dos grupos para poder atender a las necesidades y antecedentes diferentes. La entrevista realizada en el momento del ingreso, así como una estrecha comunicación entre los maestros del RICA, los espónsores y párrocos deberán impedir que surjan graves sorpresas y llevarán al participante a su iniciación o a su plena incorporación a la Iglesia universal.

Ten cuidado de no generar un proceso que se ajuste a todos como si de una talla única se tratase. Cuando te prepares para cada una de las sesiones, valora qué debates, preguntas y actividades se ajustan las necesidades de cada grupo. Si prevés que se manifieste algún interés particularmente intenso sobre algún tema o que sea beneficioso realzar determinados aspectos de las enseñanzas o la práctica católicas, hazlo con prudencia y caridad y busca orientación en tu párroco.

Compromisos y situaciones personales

Algunos niños llegan al proceso del RICA con un fuerte deseo de aprender sobre la fe católica, mientras que otros puede que participen debido a la insistencia de sus padres o de otras personas. A algunos niños puede resultarles difícil el proceso o entender que las enseñanzas de la Iglesia son mucho más que reglas que hay que cumplir. Otros pueden enfrentar obstáculos que les dificultan asistir regularmente o participar planamente –un exceso de actividades extracurriculares o de tareas escolares, limitado acceso al transporte, problemas médicos o físicos que constituyen verdaderos retos a vencer, o situaciones familiares irregulares. En estos casos, es esencial que haya una afectuosa respuesta de tu parte para que puedas conducir a cada uno de los participantes a lo largo de su jornada de fe. Cuando se vaya a incorporar un nuevo niño o niña al proceso del RICA, no dejes de reunirte primeramente con sus padres para conocer qué tipo de ayuda o estímulo adicional pudiera el niño necesitar para tener éxito.

En cada participante está presente la dignidad humana y cada uno de ellos ha sido creado a imagen de Dios. En la mayoría de nosotros ha hecho mella el pecado –nuestro o de otros– pero todos estamos llamados a la conversión y a una vida nueva. Emplea el proceso del RICA y otros recursos a disposición de la parroquia para proporcionarle a cada participante el tiempo, el apoyo y el ambiente que necesita.

Cómo aplicar *Jornada de Fe*

Jornada de Fe consiste en:

- Cuarenta y ocho lecciones catequéticas
- Tres Guías del Maestro para cada grupo etáreo: Preguntas, Catecumenado, y Discernimiento y Mistagogia.

Lecciones catequéticas (impresas para su distribución a los participantes)

Jornada de Fe consta de cuarenta y ocho lecciones que se presentan en forma personal, atractiva y asequible y hacen posible que los niños y niñas no catequizados o solo nominalmente catequizados puedan conocer la buena nueva. Las lecciones han sido divididas de acuerdo con los cuatro periodos de la iniciación:

- Dieciséis lecciones de ***Preguntas*** (P #) que cubren las interrogantes básicas en áreas tales como: qué son la fe, la Revelación, la oración, la Biblia, y el significado de la misa y las prácticas católicas.
- Dieciséis lecciones de ***Catecumenado*** (C #) que abordan aspectos más catequéticos de nuestra fe: la Iglesia, los sacramentos, la vida moral, y otros.
- Ocho lecciones de ***Discernimiento*** (D #) centradas en la preparación del elegido para los diversos ritos, especialmente para los sacramentos de la iniciación, y en orientarles acerca de los temas y acontecimientos cuaresmales.
- Ocho lecciones de ***Mistagogia*** (M #) que transfieren el centro de atención del aprendizaje a la vivencia.

En cada lección encontrarás:

- una tira cómica y una narración que relacionan el tema con algo con lo que los niños y niñas puedan sentirse relacionados
- una explicación de un tema de fe
- referencias a la Escritura y al *Catecismo* relacionadas con el tema
- preguntas para la reflexión y la discusión
- actividades interactivas que serán desarrolladas durante la lección para mantener la atención de los niños
- imágenes, iconos y barras laterales integrados a la totalidad del programa
- una actividad final que, a modo de resumen, refuerza los objetivos de la lección
- "Resumen": una breve lista de enunciados en los que se resumen aspectos clave de la lección

Los índices de materias y las correspondientes programaciones proporcionan un orden efectivo y lógico para el típico proceso del RICA desarrollado en una parroquia. Debido a que los asuntos y temas están estrechamente vinculados entre sí y reaparecen una y otra vez a lo largo del programa de *Jornada de Fe* y el año litúrgico, los impresos entregados a los participantes y las Guías del Maestro pueden ser herramientas utilizadas de forma continuada. Estamos conscientes de que el tiempo es limitado y de que surgen cuestiones y asuntos diversos. En último caso, la forma en que utilices el material depende de ti, de tu parroquia y de las necesidades de cada uno de los participantes. Tanto los impresos como las Guías del Maestro han sido concebidos para acompañarte durante las sesiones y, mediante el destaque y el reforzamiento de los puntos esenciales, facilitarte el análisis de ellos.

Guías del maestro

Con la finalidad de ayudarte en la exposición de cada asunto y en la preparación de las sesiones, cada Guía del Maestro de *Jornada de Fe* te proporciona un plan de clase para cada lección, así como un glosario alfabético de los términos utilizados en la misma. Cuando se les usa secuencialmente como un conjunto, con ellos se crea un programa del RICA que se puede adaptar a cualquier parroquia y grupo de participantes. Además de las actividades y la listas de materiales necesarios que aparecen en esta Guía del Maestro, Preguntas, *Jornada de Fe* proporciona a los maestros del RICA las herramientas para que los participantes y sus espónsores sean parte activa del proceso de conversión y formación en la fe.

Cada plan de clase ha sido diseñado para cubrir una sesión de cuarenta y cinco a sesenta minutos, sin incluir las celebraciones litúrgicas. Puesto que la duración de las sesiones puede variar, el material de cada plan de clase puede ser adaptado a tus necesidades específicas. Evalúa constantemente el aprendizaje de tus participantes y adapta tu exposición a las necesidades del grupo. En dependencia de la edad de los niños de tu grupo, puede que les resulte difícil concentrarse durante todo el tiempo destinado a la clase (especialmente si ella es después de sus clases en la escuela). Trata de programar recesos o actividades motoras para que los niños tengan la oportunidad de liberar energía.

Además de la lección participante completa, los maestros hallarán instrucciones, información documental, notas y mucho más bajo los siguientes títulos:

Catecismo	secciones del *Catecismo de la Iglesia Católica* abordadas en esa lección, además de una cita clave seleccionada de la lista.
Objetivos	metas del aprendizaje; qué deberán los participantes saber y ser capaces de hacer después de la sesión.
Meditación del maestro	breves reflexiones, preguntas y oraciones sobre un pasaje de la Escritura relacionado con el tema de la lección.
Preparación del maestro	consejos prácticos y recordatorios que orientarán al presentador en el desarrollo de la sesión, incluyendo una lista del vocabulario y los materiales especiales empleados.
Bienvenida	recordatorios e ideas para el comienzo de una sesión, trátese de pasar de la liturgia de la Palabra a la clase o de acomodar al grupo para su comienzo.
Lectura inicial	una lectura de la Escritura que establece el contexto y sirve de apoyo al tema de la lección; a ella le sigue una pregunta de transición.
Discusión de la lección	observaciones, preguntas de motivación, y notas y referencias adicionales organizadas por sección para uso del maestro.
Actividades	instrucciones y respuestas sugeridas para todas las actividades de la lección.
Oración final	preguntas de motivación y textos dirigidos a terminar la sesión en ambiente de oración.
Tarea	ejercicios que los participantes completan entre una y otra sesión de forma individual o con la participación de sus familiares para profundizar en su formación y aplicar a la vida lo aprendido. Los maestros deberán, antes de la despedida, darles a los participantes las orientaciones necesarias y darles después el seguimiento que se requiera.

Meditaciones del maestro: Preparación mediante la Escritura

Antes de cada sesión, los catequistas y miembros del equipo deberán leer el pasaje de la Escritura correspondiente a la lección, así como repasar el plan de clase y cualquier material catequético acompañante. Mientras reflexionas sobre el pasaje, ten en cuenta las siguientes cuestiones:

- Hazte parte de la narración. ¿Qué historias de tu propia jornada de fe te vienen a la mente?
- ¿Qué preguntas surgen en tu mente?
- ¿Qué imágenes, sonidos y sensaciones emergen?
- ¿Cuáles son los nombres e historias de los personajes clave?
- ¿Cuáles son las conexiones, si las hay, entre el pasaje y el tema de la lección? ¿Cuáles entre el pasaje y otras lecturas bíblicas, especialmente las relacionadas con la misa dominical?
- ¿Cómo se aplica este pasaje a la Iglesia de hoy y la vida cristiana de la actualidad?
- Si dispones de tiempo, lee una oración o un comentario sobre el pasaje para profundizar en la comprensión del mismo.

Si fuese necesario, ajusta el tiempo dedicado a las diferentes partes de la sesión o céntrate en maximizar el éxito de tus catecúmenos y candidatos con el material. Una vez preparada tu lección, relájate y disfruta la oportunidad de compartir tu fe con quienes están deseosos de ser tocados por el Espíritu de Dios.

Otros recursos

Liguori Publications ofrece a los maestros y participantes del RICA otros muchos recursos, incluidos DVD, folletos y publicaciones electrónicas. Explica siempre los fines que se procura satisfacer con cualquier material suplementario empleado y deja algún tiempo en las sesiones para compartir con el grupo las reacciones experimentadas y las conclusiones a las que se ha llegado.

Visita Liguori.org para obtener información sobre todas nuestras ofertas y sobre las más recientes de ellas así como sobre cómo adquirirlas. Asegúrate de adquirir las copias con bastante antelación al inicio de las sesiones programadas. Si se ordena una cantidad suficiente para toda la parroquia se establece una conexión entre el RICA y la comunidad y se sientan las bases para la catequización permanente.

Independientemente de con cuánta anticipación planifiques tu compra, pueden presentarse imprevistos Se trate del ingreso de un nuevo voluntario a tu equipo del RICA o de la incorporación de una nueva familia de participantes, esos cambios de último minuto pueden ponerte en un aprieto. Como bien sabes, fotocopiar materiales constituye una violación del derecho de autor pero ¿qué puedes hacer cuando solo dispones de unos pocos días (u horas) para encontrar una solución? Puede que desconozcas que Liguori puede ayudarte a salir del problema que representan semejantes emergencias mediante entregas urgentes o, incluso, mediante un permiso de poca duración para que puedas duplicar el material en espera de la llegada de tu pedido. Haznos una llamada al 1-800-325-9521 o envíanos un correo electrónico a Liguori@liguori.org para averiguar cómo podemos ayudarte.

Sugerencias prácticas

Materiales y artículos diversos

Los consejos prácticos recogidos en la Preparación del maestro, sugieren la utilización de diversos artículos específicos para cada lección. Para la mayoría de las sesiones, te hará falta lo siguiente:

- un juego completo de la lección impresa que entregarás a los participantes (es mejor comprar juegos adicionales para los espónsores)
- copias de las Guías para el Maestro de *Jornada de Fe* para cada catequista y miembro del equipo
- múltiples ejemplares –e idealmente uno para cada persona– de la Santa Biblia (*Jornada de Fe* utiliza la *New American Bible, edición revisada*.)
- múltiples ejemplares –e idealmente uno para cada persona– del *Catecismo de la Iglesia Católica (CIC)*
- una concordancia bíblica que permita al maestro localizar pasajes relacionados entre sí (opcional)
- una sencilla vela blanca con un sostén seguro
- fósforos o un encendedor
- credenciales para ser usadas en las primeras sesiones
- cada persona dispondrá de un asiento confortable situado cerca de una mesa o de cualquier otra superficie que le permita escribir o trabajar
- bolígrafos, lápices, cuadernos o papel

Diario y notas personales

Al igual que *Jornada de Fe*, el proceso de reflexionar y escribir sobre ella puede ser algo sumamente personal. Unos escriben más que otros o prefieren determinados medios y estilos. Las lecciones impresas ofrecen un espacio limitado para las preguntas, las referencias bíblicas y las actividades. Sin embargo, llevar un diario del RICA permite satisfacer una gran cantidad de propósitos:

- rememorar los pensamientos y reacciones provocados por los temas, lecturas y discusiones
- escribir respuestas más extensas a las preguntas y actividades
- registrar notas y preguntas surgidas durante las sesiones y posteriormente a ellas
- registrar los puntos de vista, ideas y sentimientos experimentados durante toda la duración del proceso del RICA

En la primera sesión, entrega a cada uno de los participantes un diario aunque, si lo prefieren, pueden traer uno suyo. Anímales a utilizarlo todas las semanas y a dedicarle tiempo a la reflexión personal. Infórmales que no tendrán que compartir ni con el grupo ni con el espónsor nada privado.

Preparación de un espacio sagrado

La lectura de la Escritura, las discusiones sobre cuestiones de fe y la oración requieren una actitud reverente. El ambiente crea el tono para cada una de las sesiones y para buena parte del proceso. Asegúrate de que el local tenga una atmósfera propicia. Modificar el espacio para que concuerde con el tema de la sesión, con el periodo del RICA o con el tiempo litúrgico servirá de apoyo a los participantes al ir avanzando por el proceso y creciendo en su familiaridad con la cultura, los valores morales y la identidad católicos. Puede que también desees orar con el grupo antes de la lectura inicial de cada sesión, para que el Espíritu Santo les acompañe y estén así mejor preparados los corazones y mentes de los participantes y también tú en tu condición de maestro.

- Sitúa con reverencia la Biblia o el *Leccionario* junto a la vela. Durante cada uno de los tiempos sagrados deberá estar bajo ellos un paño del color correspondiente a la liturgia: verde durante el Tiempo Ordinario, violeta durante el Adviento y la Cuaresma, y blanco durante la Navidad y la Pascua.
- Incorpora imágenes y objetos religiosos al espacio.
- Apela a todos los sentidos de los participantes. Valora la posibilidad de poner música sacra cuando vayan llegando al local o sonidos que inciten a la meditación cuando recen o escriban en sus diarios. Anima a quien proporciona los refrigerios a que sea creativo y ajuste los *snacks* al tópico, el tiempo litúrgico o el santo cuya fiesta coincide con la fecha de la sesión o está próxima a ella.

El comienzo: Las sesiones iniciales

1. Dales una calurosa bienvenida a los participantes, espónsores e invitados. Anima a los espónsores a asistir a todas las sesiones junto a su participante e invita a los padres a asistir como observadores si les es posible.
2. Pide a cada niño y niña que se presente y que explique brevemente qué le hizo interesarse por la fe católica o aceptar una función de apoyo en el RICA.
3. Distribuye los materiales, diles qué esperas del programa y transmíteles las instrucciones o anuncios pertinentes (por ejemplo, cómo llegar a los servicios sanitarios).
4. Explica el propósito y el significado de las sesiones. Puede que los niños no catetizados no estén familiarizados con la oración, la vela encendida, la lectura de la Escritura y la reflexión, el compartir la fe o la instrucción religiosa –especialmente en un contexto católico.
5. Siempre que se vaya a leer la Escritura, asegúrate de que el lector se siente cómodo con leer en voz alta y comprende el pasaje. La Escritura debe ser proclamada con devoción, claramente y, de ser posible, con preparación previa. Nunca obligues a nadie pero invita a todos los interesados a recibir la orientación de un maestro o ministro experto en esa función.
6. Da siempre ejemplo en cuanto al comportamiento y la etiqueta, estés en misa o en la sesión. Si bien a veces resulta necesario un gentil llamado de atención, todas las personas, independientemente de su edad, aprenden de los ejemplos recibidos.
7. Concede un tiempo para que antes, después o fuera de las sesiones se propicie la camaradería, se socialice y se comparta un refrigerio. Esto posibilita las relaciones personales y las conversaciones privadas esenciales para el crecimiento espiritual.

Respondiendo a las preguntas

La mayoría de los participantes entran al proceso del RICA con preguntas de carácter religioso o espiritual así como con ideas preconcebidos sobre la Iglesia Católica. No hay dudas de que más preguntas surgirán según se vayan acercando a la iniciación. Es más, el tiempo que pasan en las sesiones y hasta el que pasan con la comunidad parroquial no abarcará totalmente todo lo concerniente a la experiencia y conocimiento de la fe. Los catequistas y los miembros del equipo deberán estar dispuestos a no evadir las preguntas y situaciones difíciles y procurarán contribuir a la comprensión y conversión de la persona.

Muestra siempre respeto ante toda pregunta formulada y respóndela tan adecuadamente como puedas, especialmente si está relacionada con el tema y con todo el grupo. Jamás intentes contestar una pregunta que sobrepase tus conocimientos o tu pericia.

Si no te sientes calificado o no estás seguro de cómo responder:

- Hazle saber a la persona que necesitas tiempo para preparar una respuesta apropiada o más completa. Propón responderle en la siguiente sesión o fuera de clases, y prosigue con la sesión.
- Haz una revisión en fuentes confiables y autorizadas en busca de enseñanzas de la Iglesia y de elementos clave para tu respuesta. Hazles partícipes de tus referencias o recomiéndales materiales similares cuando vuelva a tratarse la pregunta en cuestión.
- Consulta con tu director o coordinador de educación religiosa, con tu párroco o con el representante diocesano, o coordina una conversación privada entre dicho contacto y la persona para que la pregunta obtenga una respuesta más exhaustiva.

Si una pregunta específica o un aluvión de preguntas aleja la discusión del tema que se analiza, valora si dedicar parte de una sesión, o toda una sesión, al tema objeto de dicho interés.

Calendarios del RICA que utilizan *Jornada de Fe*

Programa o año académico
(otoño-Pentecostés)

Las siguientes directrices están dirigidas a las parroquias que adopten una duración de ocho a nueve meses para el programa del RICA de cada año. La programación semanal puede cambiar de año en año en dependencia de las fechas del Adviento, la Cuaresma y los ritos correspondientes. Fundir o separar las lecciones para incorporarlas a las semanas inmediatas te permitirá seguir el programa y potenciar al máximo la relación entre el programa y las fiestas y temas.

Jornada de Fe recomienda encarecidamente que después de la Pascua se pase a un periodo de mistagogia. Con ello se proporciona a la parroquia una oportunidad adicional de unirse a los neófitos y dar testimonio del valor de, y el llamado universal a, la formación permanente en la fe.

Tres meses antes de Adviento (agosto–septiembre)		
Primera semana	P1	"¡Bienvenidos al RICA!"
Segunda semana	P2	"¿Qué es la fe?"
Tercera semana	P3	"La Trinidad: Dios es tres y es uno solo"
Cuarta semana	Q4	"¿Quién es Jesucristo?"

Dos meses antes de Adviento (septiembre–octubre)		
First semana	P5	"La Biblia"
	P6	"Donde encontramos a Dios"
Segunda semana	P7	"Tu vida de oración"
	P8	"Oraciones católicas"
Tercera semana	P9	"La misa"
	C5	"El sacramento de la Eucaristía"
Cuarta semana	P10	"El año litúrgico"
	P11	"Espacios en una iglesia católica"

Un mes antes de Adviento (octubre–noviembre)		
Primera semana	P12	"El pastor de la Iglesia"
	P13	"La Iglesia como comunidad"
Segunda semana/ Todos los Santos	P14	"María"
	P15	"Los santos"
Tercera semana	P16	"¿Qué es la vida después de la muerte?"
Cuarta semana/ Cristo Rey	C1	"El proceso y los ritos del RICA" (*como anticipo a los ritos de aceptación y bienvenida*)

Adviento y Navidad (noviembre–diciembre)		
Primera semana	C10	"El pueblo de Dios"
Segunda semana	C11	"La Iglesia de los inicios"
	C12	"Historia de la Iglesia"
Tercera semana	C2	"Los sacramentos: introdución"
Cuarta semana/ Navidad		RECESO
Sagrada Familia/ Epifanía	C8	"El sacramento del Matrimonio"
	C9	"El sacramento del Orden Sagrado"
Bautismo del Señor (AT)	C3	"El sacramento del Bautismo"
	C4	"El sacramento de la Confirmación"

Un mes antes de la Cuaresma (enero–febrero)		
Primera semana	C6	"El sacramento de la Penitencia y Reconciliación"
	C7	"El sacramento de la Unción de los Enfermos"
Segunda semana	C13	"Vivir hoy a la manera de Jesús"
	C14	"Cuidar de todas las criaturas de Dios"
Tercera semana	C15	"Decir siempre sí a la vida"
	C16	"Cuidar de la comunidad de Dios"
Semana del Miércoles de Ceniza	D1	"Decir sí a Jesús" (*como preparación al rito de Elección*)

Cuaresma / Discernimiento (febrero–marzo)		
Primera semana	D2	"Vivir la Cuaresma"
Segunda semana	D3	"Reflexionar para elegir"
	D4	"El Credo" (*como preparación para el tercer domingo*)
Tercera semana	D5	"El Vía Crucis"
Cuarta semana	D6	"La Oración del Señor" (*como preparación para el quinto domingo*)
Quinta semana	D7	"El significado de la Semana Santa"
Semana Santa	D8	"Retiro de la Vigilia Pascual"

Pascua / Mistagogia (abril–mayo)		
Primera semana		RECESO (o convivencia apropiada)
Segunda semana	M1	"Nuestra fe es un proceso permanente"
Tercera semana	M2	"El papel del laicado"
	M7	"La vida en familia"
Cuarta semana	M3	"Los dones espirituales"
Quinta semana	M4	"Decisiones difíciles"
Sexta semana/ Ascensión	M5	"El llamado a la santidad"
	M6	"Vivir las virtudes"
Séptima semana/ Pentecostés (Sesión final)	M8	"Compartir la Buena Nueva"

Año calendario (continuo, secuencial)

Las cuarenta y ocho lecciones de *Jornada de Fe* pueden seguirse secuencialmente con solo pequeños ajustes requeridos por los ritos y la Cuaresma. Si se adopta este modelo, las parroquias comenzarán unas *cuatro semanas después de Pentecostés*. Para completar el año calendario, recomendamos que se programen un receso de una semana en Navidad, otro de igual duración en la Pascua y uno de dos semanas poco después de Pentecostés para dedicarlo a la renovación del programa, el entrenamiento y la familia. Para acceder a la secuencia completa, remítete a las páginas del índice de *Jornada de Fe*.

Año litúrgico (continuo, no secuencial)

En el caso de las parroquias que siguen el modelo catecumenal continuado, cada una de las fases del proceso del RICA está a disposición de los interesados durante todo el año. Recomendamos utilizar una estructura que conste de grupos independientes pero simultáneos que, partiendo de sus diferentes ritmos de aprendizaje, cursen los periodos de Preguntas y Catecumenado, y un tercer grupo para la Cuaresma y Pascua. De esta manera, el proceso es lo suficientemente abierto y flexible para apoyar a cada catecúmeno y candidato, satisfacer sus necesidades y respetar el paso al que puede avanzar.

Con este modelo, la mayoría de las personas pasará un año o más en el proceso del RICA. Las lecciones serán utilizadas siguiendo la relación que guarden con las lecturas de cada domingo. En cada uno de los volúmenes de *The Word Into Life* podrás encontrar una sugerencia de cómo las cuarenta y ocho lecciones pueden ser vinculadas con las lecturas dominicales aunque, en el caso de la formación de los niños, solo se les recomienda como guía para el maestro puesto que el material de esos libros ha sido escrito para participantes adultos.

Mi programación del RICA

Este gráfico puede ser reutilizado o ajustado cada año de acuerdo con el calendario RICA de tu parroquia. También puede resultar valioso para aquellos participantes que pudieran estar siguiendo una ruta diferente a la del resto del grupo. Cerciórate de tener registradas todas las fechas y detalles clave y de seguir las instrucciones recibidas de tu director del RICA o de tu párroco.

Parroquia: ______________________

Párroco/Director del RICA: ______________________

Catequista(s)/Miembro(s) del equipo: ______________________

Participantes: ______________________

Día(s) de clase/Hora(s): ______________________

Salón de clases: ______________________

Hora de la misa: ______________________

Vigilia Pascual: ______________________

PREGUNTAS

Título de la lección	Fecha de la sesión	Título de la lección	Fecha de la sesión
P1: ¡Bienvenidos al RICA!		P9: La misa	
P2: ¿Qué es la fe?		P10: El año litúrgico	
P3: La Trinidad: Dios es tres y es uno solo		P11: Espacios en una iglesia católica	
P4: ¿Quién es Jesucristo?		P12: El pastor de la Iglesia	
P5: La Biblia		P13: La Iglesia como comunidad	
P6: Donde encontramos a Dios		P14: María	
P7: Tu vida de oración		P15: Los santos	
P8: Oraciones católicas		P16: ¿Qué es la vida después de la muerte?	

CATECUMENADO

Título de la lección	Fecha de la sesión	Título de la lección	Fecha de la sesión
C1: El proceso y los ritos del RICA		C9: El sacramento del Orden Sagrado	
C2: Los sacramentos: introducción		C10: El pueblo de Dios	
C3: El sacramento del Bautismo		C11: La Iglesia de los inicios	
C4: El sacramento de la Confirmación		C12: Historia de la Iglesia	
C5: El sacramento de la Eucaristía		C13: Vivir hoy a la manera de Jesús	
C6: El sacramento de la Penitencia y Reconciliación		C14: Cuidar de todas las criaturas de Dios	
C7: El sacramento de la Unción de los Enfermos		C15: Decir siempre sí a la vida	
C8: El sacramento del Matrimonio		C16: Cuidar de la comunidad de los hijos de Dios	

DISCERNIMIENTO / MISTAGOGIA

Título de la lección	Fecha de la sesión	Título de la lección	Fecha de la sesión
D1: Decir sí a Jesús		M1: Nuestra fe es un proceso permanente	
D2: Vivir la Cuaresma		M2: El papel del laicado	
D3: Reflexionar para elegir		M3: Los dones espirituales	
D4: El Credo		M4: Decisiones difíciles	
D5: El Vía Crucis		M5: El llamado a la santidad	
D6: La Oración del Señor		M6: Vivir las virtudes	
D7: El significado de la Semana Santa		M7: La vida en familia	
D8: Retiro de la Vigilia Pascual		M8: Compartir la Buena Nueva	

P1: Bienvenidos al RICA

Catecismo: 1229–1249

Objetivos

- Describir el RICA como un buen momento para hacer preguntas sobre la fe
- Presentar las cuatro fases o periodos del RICA
- Reconocer que el RICA tiene sus raíces en la historia del cristianismo de los primeros tiempos

Meditación del maestro

Salmo 139:1–16

Piensa en tu propia jornada de fe. Reflexiona sobre cuántas veces Dios te ha protegido y guiado. Ahora reflexiona sobre quienes ese mismo Dios ha confiado a tu cuidado. Piensa cuánta confianza tiene Dios en ti. Te ha sido concedida la oportunidad de ser su compañero y guía en su jornada de fe. Ruega por que te sean concedidos sabiduría y valor. Confía en la ayuda de Dios.

Preparación del maestro

- Lee la lección impresa, este plan de clase, el pasaje de la Escritura y las secciones del *Catecismo*.
- Lee las secciones iniciales de esta Guía del Maestro. El sitio web de la Conferencia de Obispos Católicos de los Estados Unidos (USCCB) también puede ayudarte a explicar aún mejor el RICA y el *Catecismo*.
- Adquiere copias de la *New American Bible* y del *Catecismo* para cada uno de los participantes, así como también cualesquiera otros materiales puedan ser necesarios. Ingéniate formas creativas para conseguir proporcionarles diarios de oración y otros artículos especiales.
- Familiarízate con el vocabulario de esta lección: catequista, *Catecismo de la Iglesia Católica*, *Rito de Iniciación Cristiana para Adultos*, rito, iniciación, catecúmeno, candidato, pregunta, catecumenado, padrino, espónsor, purificación e iluminación, sacramentos de la iniciación, sacramentos, bautismo, comunión, confirmación, mistagogia. En el glosario de esta guía pueden encontrarse las definiciones.

Bienvenida

Saluda individualmente a cada niño según vayan llegando; cuando se presenten, repite sus nombres. Indícales dónde se encuentran los materiales, sus credenciales, los *snacks* y refrescos, y los servicios sanitarios. Dedica un momento para presentar el grupo. Después de darles las instrucciones iniciales y comunicarles los avisos necesarios, responde brevemente las preguntas que surjan. Comienza rápidamente.

Lectura inicial

Salmo 139:1–16

Si alguno de los niños de tu grupo no está familiarizado con la Biblia, antes de comenzar explícale brevemente su organización y cómo buscar en ella las lecturas (probablemente tendrás que hacer esto muchas veces antes de que los niños se familiaricen con el modo de hacerlo). Enciende la vela y explica que se trata de un signo y un recordatorio de la presencia del Señor.

Después de leer la selección, pregunta a los niños en qué les hizo pensar el salmo mientras lo escuchaban. Comparte con ellos unas palabras de estímulo y reconocimiento. Hazles saber a los niños que Dios los está guiando y que siempre ha estado junto a ellos.

> Dios (...) se revela y se entrega a él, dando al mismo tiempo una luz sobreabundante al hombre que busca el sentido último de su vida.
>
> *CIC* 26

P1 PREGUNTAS

Bienvenidos al RICA

Era el primer día de clases en el RICA. Terrence, Tanya, Tomás y Lisa no sabían qué les esperaba.

"¡Hola!" El señor y la señora Evans, sus maestros, los recibieron a la puerta.

"Hola", respondieron tímidamente todos.

"Empecemos por conocernos", dijo la señora Evans sonriendo "¿Quién quiere contarnos por qué está aquí?"

"Mi mamá me dijo que tenía que venir", dijo Tomás con una risita.

"Yo no sé", se encogió Tanya de hombros.

"Tiene que ver con ser católico", contestó Lisa.

NIÑOS

CIC 1229–49

Bienvenidos al RICA

Lee esta sección al grupo o solicita un voluntario que se sienta cómodo leyendo. Pregúntales entonces si alguien del grupo se siente como Tomás (si está en el RICA porque sus padres les dijeron que tenían que asistir) o si alguien se siente como Tanya (si no está verdaderamente seguro de por qué vino) o como Lisa (que está en el RICA porque sabe que es algo que tiene que ver con convertirse en católico).

Pide entonces voluntarios que compartan con el grupo por qué están hoy en el RICA. Si tienes tiempo, puedes hacer de esta actividad una especie de rompehielos al circular entre los niños pidiéndoles que digan sus nombres y cuenten a los demás por qué están aquí, a qué escuela van y alguna otra cosa sobre sí mismos que consideren que sea interesante para los demás.

Prosigue con la lectura de la siguiente parte de la historia (o encarga a un voluntario que lo haga).

Haz una pausa para mostrarles a los niños un ejemplar del *Catecismo de la Iglesia Católica*, haz circular un ejemplar por el salón o, si tuvieras uno para cada niño de la clase, entrégaselos.

Concluye la sesión preguntando a los niños si serán candidatos o catecúmenos. Si le entregaste a cada niño o niña una credencial (o si cada uno de ellos confeccionó una para sí), pídeles que escriban "candidato" o "catecúmeno" bajo su nombre.

El señor Evans asintió, "Así es. Cuando la clase termine ya todos sabrán exactamente por qué están aquí y qué tiene que ver el RICA con eso de ser católico".

¿Por qué estás hoy en el RICA?

El señor Evans continuó, "La señora Evans y yo somos sus catequistas. Un **catequista** es una persona que da clases de religión usando un libro llamado catecismo. Nosotros vamos a usar un libro llamado el **Catecismo de la Iglesia Católica** porque ustedes están aquí para aprender todo lo que tenga que ver con ser católico". Dicho esto, el señor Evans mostró en alto un enorme libro.

"Pero nosotros no tenemos que aprendernos todo eso, ¿verdad?" Terrence parecía estar en shock.

"No", el señor Evans reía. "¡Eso sería demasiado! Este curso es solo un comienzo".

"¿Este curso es nada más para los niños?" preguntó Tanya.

"Sí y no", dijo la señora Evans. "Este curso es solo para ustedes pero el proceso que van a seguir es para niños de la edad de ustedes, para adolescentes y para adultos. Su nombre es **Rito de Iniciación Cristiana para Adultos**, o RICA si queremos abreviarlo".

Lisa arrugó la frente y la nariz, "Pero nosotros no somos adultos".

"La verdad es que para la Iglesia sí lo son. La Iglesia Católica dice que alguien es adulto si puede pensar por sí mismo y distinguir entre lo correcto y lo incorrecto, o sea, entre el bien y el mal. Así que ustedes pueden decidir ser católicos. Es una decisión importante y es por eso que tendremos estas clases. Ellas los prepararán para el rito".

"¿Qué es un rito?" preguntó Tanya.

"Un **rito** es una ceremonia religiosa muy importante. Este rito es cristiano. Eso significa que está relacionado con Jesucristo. En sus primeros tiempos, también la Iglesia iniciaba a los nuevos cristianos de una manera que se parecía muchísimo a esta. ¿Alguien sabe lo que es la iniciación?"

"Decimos que hay una **iniciación** cuando se empieza algo o cuando se hace algo para empezar a ser parte de un grupo", respondió Lisa.

"¡Bien!" continuó la señora Evans, "En estos momentos todos ustedes están pensando convertirse en católicos. Pero todos provienen de situaciones diferentes. Algunos ya estado en la iglesia. Algunos de ustedes fueron a una iglesia diferente.

"Algunos de ustedes fueron bautizados cuando eran bebés. Algunos se bautizarán al convertirse en católicos. Si vas a bautizarte, decimos que eres un **catecúmeno** o una **catecúmena**. Si ya estás bautizado como cristiano, diremos que eres un **candidato**".

"Pero independientemente de cómo se les llame", añadió la señora Evans, "todos trabajarán juntos".

¿Y tú qué serás? ¿Catecúmeno o candidato?

"Todos ustedes pasarán por cuatro etapas. La primera se llama **preguntas**. Se llama así porque en esta etapa vas a hacer muchas preguntas acerca de Dios y de lo que significa ser católico. Pero no te preocupes, ¡después de esta etapa te quedarán preguntas por hacer!

"La segunda etapa se llama **catecumenado**. En ella conocerás la mayoría de las principales creencias católicas. También vas a buscarte alguna persona que te ayude durante tu jornada. A esa persona se le llama **padrino o madrina**. Si no estás bautizado, a esa persona se le llamará **espónsor**. Esa persona puede ser un miembro de la familia o un amigo, pero tiene que ser un católico confirmado".

"¿Y qué es lo que hacen un espónsor y un padrino?" preguntó Tanya.

"Son como guías personales. Cuando uno no está en clases, puede hacerles preguntas o conversar con ellos de lo que significa ser católico. También comprueban si has entendido lo que se te enseñó en clases y si lo pones en práctica todos los días.

"La tercera etapa se llama **discernimiento**. Se desarrolla en la Cuaresma. ¿Qué saben ustedes sobre la Cuaresma?"

"Mi abuelita dice que cuando estamos en la Cuaresma nos preparamos para la Pascua", respondió Tomás.

"¡Eso es! Ustedes se estarán preparando para la Pascua. También se estarán preparando para ser plenamente católicos. En esta etapa se limpian, o purifican, las cosas que nos apartan de Dios. También se aprende sobre Dios, sobre su amor y sobre cómo hacerlo feliz. Eso lo ilumina a uno y le da discernimiento".

"Parece que hay que trabajar muchísimo", dijo Terrence. "¿Y por qué hacemos eso?"

"Bueno, en la noche anterior a la Pascua, en una misa especial llamada Vigilia Pascual, se reciben los tres **sacramentos de la iniciación**: Bautismo, Confirmación y Comunión. Pero no se puede aceptar un regalo de alguien a quien no se conoce, así que primero tienes que conocer a Dios e invitarlo a ser parte de tu vida".

"¿Así que un sacramento es un regalo?"

"¡Sí que son un regalo! Los **Sacramentos** son las formas visibles, las formas físicas que nos permiten saber que Dios está con nosotros aunque no podamos verlo. El **Bautismo** borra nuestros pecados y nos hace miembros de la Iglesia. Con la **Comunión**, también llamada Santa Eucaristía, recibimos el verdadero Cuerpo y la verdadera Sangre de Jesucristo. En la **Confirmación** el Espíritu Santo viene a cada uno de nosotros de una manera muy especial. En algunas parroquias tendrán que esperar a ser un poco mayores para recibirla, pero en esta ustedes serán confirmados juntos a los adolescentes y adultos. ¿Está todo claro?"

Terrence asiente, "Más o menos".

"No se preocupen. Es complicado y por eso discutiremos cada uno de los siete sacramentos uno a uno. Cuando llegue la Vigilia Pascual ya sabrán todo lo que tienen que saber.

"¡Pero queda otra etapa! Después de la Pascua, pasarán a otra llamada **mistagogia**. Esta palabra significa 'interpretación de los misterios' y en esa etapa conoceremos aún más sobre los misterios de los sacramentos, el amor de Dios por nosotros y cómo podemos vivir nuestra fe en el día a día".

¿Con qué parte del RICA estás más entusiasmado?

"Es mucho lo que debemos aprender", dijo la señora Evans, "así que empecemos por el principio. Cuando escuchan la palabra 'católico', ¿en qué piensan?"

Tomás fue el primero en levantar la mano, "Yo pienso en mi abuelita".

"Yo pienso en una religión", dijo Lisa.

"¿El papa es católico?" preguntó Tanya.

"Todas esas respuestas son buenas para comenzar por ahí", dijo la señora Evans. "El catolicismo es una religión. Eso significa que todos los católicos del mundo comparten las mismas tradiciones, rituales, oraciones y creencias. Los católicos practican su religión rezando, yendo a misa, celebrando los siete sacramentos, leyendo la Biblia y de otras muchas maneras. Ya aprenderán sobre todo eso más adelante.

"Y tú tienes razón, Tanya, el papa es católico. Es más, el papa es el líder de toda la Iglesia aquí en la tierra.

¿En qué piensan cuando escuchan la palabra 'católico'?

"Antes de que nos vayamos, quiero decirles que en esta clase es muy importante que hagan preguntas, así que si en algún momento no entienden algo, ¡pregunten! ¿Alguien quiere hacer alguna pregunta antes de que terminemos?"

"¿La católica es una religión mejor que las otras?" preguntó Tanya.

Tomas preguntó, "¿Los niños tienen que ser católicos porque sus padres lo sean?"

"¿Qué pasa si yo no creo en algo que ustedes nos enseñen? ¿Eso quiere decir que no puedo ser católico?" Lisa se preguntó en voz alta.

Al ir leyendo sobre los diferentes periodos o acontecimientos por los que transitarán durante el proceso del RICA, pregunta a los niños si hay algo por lo que están particularmente ansiosos por que llegue. Entusiasma a los chicos con el proceso del RICA. Si bien es cierto que puede que haya que esforzarse mucho, ¡también es cierto que resulta apasionante!

Antes de leer la siguiente sección, pregunta al grupo qué piensan cuando escuchan la palabra "católico". Si disponen de tiempo, manda a cada uno de los niños a que escriba en la pizarra o en una gran hoja de papel una palabra, o el nombre de un lugar, o el nombre de una persona que piense que es católico o católica.

Actividad final

Al concluir la lección, pregunta a los niños si tienen preguntas acerca de qué es ser un católico.

Puede que no te sea posible contestar hoy todas sus preguntas, así que pídeles que cada uno anote sus preguntas en una tarjeta y te la entregue al salir. (Revisa esas preguntas y fíjate en si algunas se repiten o si hay preguntas que no serán cubiertas en ninguna de las lecciones. Busca tiempo para responderlas todas o, si no te sientes seguro de poder responder de forma precisa algunos temas, trae al grupo a un invitado que pueda hacerlo.)

¿Tienen preguntas acerca de qué es ser un católico?

Resumen

- El RICA es un buen momento para hacer preguntas sobre la fe.
- El RICA tiene cuatro fases.
- El RICA tiene sus raíces en la historia de los primeros tiempos del cristianismo.

Jornada de Fe para Niños, Preguntas, P1 (827037)

Imprimi Potest: Stephen T. Rehrauer, CSsR, Provincial de la Provincia de Denver.

Imprimatur: "Conforme al *CIC* 827, el 13 de julio de 2017, el reverendo Mark S. Rivituso, obispo auxiliar de la archidiócesis de St. Louis, concedió el permiso de publicación. El Imprimátur es un permiso para la publicación que indica que la obra no contiene contradicciones con las enseñanzas de la Iglesia Católica, sin embargo no implica la aprobación de las opiniones que se expresan en ella. Con este permiso no se asume ninguna responsabilidad".

Jornada de Fe © 2000, 2017 Liguori Publications, Liguori, MO 63057. Para hacer pedidos, visite *Liguori.org* o llame al 800-325-9521. Liguori Publications, corporación no lucrativa, es un apostolado de los Redentoristas. Para saber más acerca de los Redentoristas visite "Redemptorists.com".

Edición del 2017: Theresa Nienaber-Panuski and Pat Fosarelli, MD, DMin.

Diseño y producción: Wendy Barnes, John Krus, Lorena Mitre Jimenez, Bill Townsend. Ilustraciones: Jeff Albrecht.

LIBROS LIGUORI

Impreso en los Estados Unidos de América. 21 20 19 18 17 / 5 4 3 2 1. Tercera edición.

ISBN 978-0-7648-2703-7

Oración final

Concluye con esta sencilla oración. Pide a los niños que repitan cada verso tras de ti.

Jesús, Señor de la Vida,
tú eres el verdadero pastor.

Tú nos cuidas
como un pastor cuida a sus ovejas.

Continúa guiándonos
por los senderos de nuestras vidas
y llévanos a lugar seguro.

Tú entregas tu vida para
defendernos, y estamos
comenzando a reconocer tu voz.

Amén.

Tarea

Pide a los niños que, antes de la próxima sesión, pregunten a un miembro de su familia (o a su padrino o madrina, o a su espónsor si lo tienen) las siguientes preguntas sobre esta lección: ¿Qué te entusiasma con respecto a ser un católico o con respecto al catolicismo? ¿Qué preguntas tienes con relación a la Iglesia Católica?

P2: ¿Qué es la fe?

Catecismo: 142–165, 302, 854

Objetivos

- definir la fe como un don de Dios
- tomar conciencia de que la fe, la ciencia y la razón pueden coexistir
- explicar que la fe crece cuando la alimentamos y compartimos

Meditación del maestro

Juan 14:1–4

Lee el pasaje de la Escritura y medita entonces en cuánta es la fortaleza de tu fe. Cuando oras, ¿crees que tus plegarias están siendo escuchadas? ¿Confías en que Dios está íntimamente involucrado en tu vida así como esta es, con todas sus dificultades e imperfecciones? Y lo que es más importante, ¿ves el rostro de Dios en las preguntas, dudas y retos que en ocasiones presentan esos pequeños a los que enseñas?

Preparación del maestro

- Lee esta lección, este plan de clase, el pasaje de la Escritura y las secciones del *Catecismo.* La sección "Las características de la fe" (*CIC* 153–165) puede ayudarte a responder las preguntas formuladas por tu grupo de alumnos, especialmente acerca de la relación entre fe y ciencia.
- Familiarízate con el vocabulario de esta lección: fe. Hallarás las definiciones en el glosario de esta guía.

Bienvenida

Al ir llegando los niños, dales la bienvenida a los nuevos participantes y espónsores. Comprueba que dispones de los materiales y artículos diversos que pudieras necesitar. Pide que hagan cualquier pregunta o comentario que acerca de la lección anterior hubiera podido surgir durante la semana transcurrida.

Lectura inicial

Juan 14:1–4

Enciende la vela y lee en voz alta. Después de la lectura, mantén el silencio durante un momento e invita entonces a que se exprese cualquier comentario o reacción que deseen compartir. Por último, pide que formulen cualesquiera intenciones especiales tengan.

La fe es un don de Dios, una virtud sobrenatural infundida por él. *CIC* 153

P2 PREGUNTAS

¿Qué es la fe?

Su abuela le enseñó mucho a Tomás acerca de lo que significa ser católico. Sin embargo, Tomás tenía aún muchísimas dudas, así que cuando la señora Evans pidió, antes de comenzar la clase, que hicieran las preguntas que quisieran, ¡Tomás ya estaba listo para hacerlas!

"¿Cómo sabemos que Dios es verdad? ¿Cómo es el cielo? ¿Por qué no podemos ver el cielo? ¿Por qué no oigo hablar a Jesús cuando rezo? ¿Por qué Jesús no viene a visitarnos?"

"¡Despacio, Tomás!" la señora Evans reía. "¡Muy buenas esas preguntas! La verdad es que todas ellas tienen algo que ver con el tema del que hablaremos hoy. La fe. ¿Quién piensa que sabe qué es la fe?"

NIÑOS

CIC 142–65, 302, 854

¿Qué es la fe?

Después de haber leído la narración inicial, pregunta a los niños qué creen que significa la fe o qué significa tener fe. Si dispones de tiempo, comienza en la pizarra la elaboración de una lista de las palabras o frases que salen a relucir una y otra vez cuando tú y el grupo piensan en la fe.

Dales a los niños tiempo para que completen la lista de la actividad de esta lección. Circula por el local y observa qué personas o cosas los niños ponen en la lista. Pide entonces voluntarios que transmitan al grupo el nombre de una persona o cosa incluida en su lista y expliquen el porqué de su elección. Utiliza ese momento para regresar a tu primera lista y señalar la similitud entre las cualidades relacionadas con tener fe y con las personas o cosas que los niños eligieron como merecedoras de su confianza.

¿Qué crees tú que es la fe?

¿Alguna vez alguien te ha pedido que creas en él o ella, así, sin más? ¿Qué significa eso? ¿Cómo puedes saber si puedes confiar en tus padres, amigos o maestros? ¿Cómo sabes que puedes confiar en Dios?

Tener **fe** significa confiar en alguien o en algo. La fe religiosa significa que confiamos en Dios, su Palabra recogida en la Biblia, y las cosas que la Iglesia nos enseña. Cuando tenemos fe, creemos incluso cuando:

- no sabemos (o no podemos saber) con toda seguridad;
- algo parece misterioso o imposible;
- otros no creen.

Es más fácil creer en algo si podemos verlo, oírlo o tocarlo. Cuanto más aprendemos, más entendemos. Esto hace más fuerte muestra fe pero la fe no solo la da el saber cosas. La da el confiar en la persona que comparte la verdad con nosotros. Cuando tenemos fe, creemos que:

- la persona que habla conoce la verdad;
- la persona que habla es sincera.

La persona más importante en la que podemos poner nuestra fe es Jesucristo. Nosotros fuimos creados "a imagen de Dios" (Génesis 1:27). Esto significa que Dios nos hizo como él. Dios quiere que lo conozcamos y creamos en él.

ACTIVIDAD

Enumera cinco personas o cosas en las que crees.

1. ______________________
2. ______________________
3. ______________________
4. ______________________
5. ______________________

El gran regalo de Dios

Todos los días tú pones tu fe en alguien o en algo. Confías en que el *bus* te llevará a la escuela a tiempo para las clases. Confías en que tu maestro o maestra calificará tu tarea de manera justa. Confías en que tus amigos se sentarán contigo a la hora de la comida del mediodía. Toda esta confianza procede de Dios. Dios te da fe en él, fe en Jesucristo y fe en la Iglesia Católica. La fe es la manera que tiene Dios de decirnos:

- "Te amo y quiero que des lo mejor de ti".
- "Te amo y siempre cuidaré de ti".
- "Te amo y te enseñaré lo que necesitas saber".
- "Te amo y lo compartiré todo contigo".

La fe y Jesús

Estamos comenzando una jornada con Jesús. Él será tu mejor amigo, tu guía y tu maestro. Jesús dijo muchas cosas acerca de la fe. Lee estas palabras de la Biblia y piensa en la promesa que Jesús nos hace:

- "¡Todo es posible para quien cree!" Marcos 9:23
- "Creéis en Dios: creed también en mí". Juan 14:1

¿Qué promesa nos hace Jesús? ¿Qué te pide Jesús que hagas?

ACTIVIDAD

CUATRO MANERAS DE CRECER EN LA FE

1. Hacer buenas obras

Jesús dijo, "Cuanto hicisteis a unos de estos hermanos míos más pequeños, a mí me lo hicisteis". (Mateo 25:40). Las personas a las que Jesús llamó los "más pequeños" eran las personas que gozaban de menos popularidad y aprobación. Nadie, excepto Jesús, los consideraba importantes o especiales. Jesús nos pide que tratemos a todos como a un hermano o una hermana. Cuando demostramos amor a personas con las que normalmente no hablaríamos o con las cuales no haríamos nada juntos, nos vamos acercando a Jesús.

¿A quién puedes ayudar esta semana?

2. Leer

Mantén tu Biblia cerca de ti para que puedas escuchar a Jesús y hablarle cada vez que quieras. Lee también otros buenos libros, como las historias sobre santos o un libro de oraciones para los niños.

¿Tienes una historia bíblica favorita?

3. Orar

Dedica todos los días un rato a orar en compañía de Jesús. Puedes orar con palabras, con pensamientos y hasta con tus sentimientos. La oración es como una conversación con Jesús. No olvides escuchar lo que Jesús quiera decirte.

¿Qué te gustaría decirle a Jesús?

4. Sé buen amigo

Jesús dijo, "Que, como yo os he amado, así os améis también vosotros los unos a los otros" (Juan 13:34). Al amar a los demás nos hacemos más parecidos a Jesús. Cuando nos comportamos como amigos de los demás, crecemos en la fe.

¿Cómo demuestras a tus amigos que les tienes cariño?

PREGUNTAS

JORNADA DE FE

La fe y Jesús

Lean cada versículo de la Escritura y respondan las preguntas entre todo el grupo. Hemos incluido respuestas a modo de sugerencia aunque, en tu grupo, las respuestas pueden variar.

- Marcos 9:23
  Jesús promete que todo es posible si tenemos fe y le permitimos a él obrar a través de nosotros. Jesús nos pide que tengamos fe en él y confiemos en que puede obrar a través de nosotros.

Según vas desarrollando este punto, recuerda a los niños que el que recemos por algo no significa que Jesús nos lo dará (exactamente como nuestros padres, que no nos dan todo lo que les pedimos.) Que Jesús no haga exactamente lo que le pedimos que haga no significa que no nos esté escuchando o que nuestra fe no sea suficientemente fuerte. (Esto será retomado en futuras lecciones.)

- Juan 14:1
  Jesús nos dice que él es Dios y que si creemos en él tendremos vida eterna.

Jesús nos está pidiendo que tengamos fe en él al igual que tenemos fe en Dios Padre. (Esta lección antecede directamente a la lección sobre la Trinidad, así que puede que tengas que recordar a los niños que Dios Padre y Jesús, el Hijo de Dios, son el mismo Dios.)

Cuatro maneras de crecer en la fe

Junto a todo el grupo examina detalladamente cada una de esas cuatro maneras y ve escribiéndolas en la pizarra para que los niños tengan un recordatorio visual de todas las maneras en que pueden crecer en su fe. Puedes incluso teclear e imprimir esa lista y enviarla a los padres de los niños para que compartan su contenido.

1. Los niños pueden hacer buenas obras si juegan con sus hermanitos más pequeños, si se ofrecen para ayudar en casa, si comparten con sus compañeros de escuela su juguete o su juego favorito o si les hacen una llamada a sus abuelos para conversar con ellos.
2. Los niños pueden cultivar la fe leyendo junto a su familia una historia de la Biblia o leyendo para sí o con su familia otro libro católico para niños.
3. Los niños pueden rezar asistiendo los domingos a misa con sus padres, escribiéndole una carta a Jesús al final del día, o pasando algún tiempo a solas conversando con Jesús.
4. Los niños pueden mostrarse amistosos ayudando a un compañero de clases, manteniendo la puerta abierta para que otros pasen, compartiendo un platillo especial a la hora de la comida, o haciendo labores voluntarias en casa o en el vecindario.

Actividad final

Cuando te encuentres ya en los finales de la sesión, pon a los niños a completar la actividad "Vivir con fe" por sí mismos. Las respuestas a dicha actividad aparecen a continuación:

VIVIR CON FE

Traza una línea de la actividad a la forma en que ella te ayuda a crecer en la fe.

1. Secar los platos
2. Ir a la iglesia
3. Buscar en línea información sobre un hombre o mujer de Dios
4. Llamar a un compañero de aula que se siente triste
5. Ir a la fiesta de cumpleaños de tu tía
6. Pedirle a Dios ayuda para una prueba
7. Ayudar a un jugador lesionado a retirarse del terreno
8. Leer una historia de la Biblia
9. Darle tu mesada a los pobres
10. Comprar un regalo de cumpleaños para tu amigo o amiga

A. hacer buenas obras

B. leer

C. orar

D. ser buen amigo

Resumen

- La fe es un don de Dios.
- La fe, la ciencia y la razón no están en conflicto.
- La fe crece cuando la alimentanos y la compartimos.

Jornada de Fe para Niños, Preguntas, P2 (827037)

Imprimi Potest: Stephen T. Rehrauer, CSsR, Provincial de la Provincia de Denver.

Imprimatur: "Conforme al *CIC* 827, el 13 de julio de 2017, el reverendo Mark S. Rivituso, obispo auxiliar de la archidiócesis de St. Louis, concedió el permiso de publicación. El Imprimátur es un permiso para la publicación que indica que la obra no contiene contradicciones con las enseñanzas de la Iglesia Católica, sin embargo no implica la aprobación de las opiniones que se expresan en ella. Con este permiso no se asume ninguna responsabilidad".

Jornada de Fe © 2000, 2017 Liguori Publications, Liguori, MO 63057. Para hacer pedidos, visite *Liguori.org* o llame al 800-325-9521. Liguori Publications, corporación no lucrativa, es un apostolado de los Redentoristas. Para saber más acerca de los Redentoristas visite "Redemptorists.com".

Edición del 2017: Theresa Nienaber-Panuski and Pat Fosarelli, MD, DMin.

Diseño y producción: Wendy Barnes, John Krus, Lorena Mitre Jimenez, Bill Townsend. Ilustraciones: Jeff Albrecht.

LIBROS LIGUORI

Impreso en los Estados Unidos de América.

21 20 19 18 17 / 5 4 3 2 1. Tercera edición.

1. Secar los platos	A
2. Ir a la iglesia	C
3. Buscar en línea información sobre un hombre o mujer de Dios	B
4. Llamar a un compañero de aula que se siente triste	D o A
5. Ir a la fiesta de cumpleaños de tu tía	D
6. Pedirle a Dios ayuda para una prueba	C
7. Ayudar a un jugador lesionado a retirarse del terreno	D
8. Leer una historia de la Biblia	B
9. Darle tu mesada a los pobres	A
10. Comprar un regalo de cumpleaños para tu amigo o amiga	D

Oración final

Recen juntos el Padrenuestro. (Puede que algunos niños no se sepan todavía esta oración así que también puedes conducir el rezo de manera tal que los niños repitan cada renglón después de ti.)

Tarea

Pide a los niños que compartan la lección de hoy con sus padres. Pide después a los niños que seleccionen una manera mediante la cual todos los miembros de su familia podrían crecer juntos en la fe.

P3: La Trinidad: Dios es tres y es uno solo

Catecismo: 232–267, 683–690

Objetivos

- Definir la Trinidad como el nombre dado a las tres Personas que son un Dios único.
- Relacionar la doctrina católica de la Trinidad con Dios como se le describe en la Biblia.
- Desarrollar una relación con cada una de las Personas de la Trinidad.

Meditación del maestro

Mateo 3:16–17

Piensa en tu relación con la Santísima Trinidad. Cuando rezas, ¿tiendes a rezar a Dios Padre, a Dios Hijo o a Dios Espíritu Santo? Dedica ahora un rato de oración para establecer una relación más profunda con la Persona que es, al parecer, a la que menos atención prestas.

Preparación del maestro

- Lee la lección, este plan de clase, el pasaje de la Escritura y las secciones del *Catecismo*. Estas secciones te ayudarán a responder las preguntas de los participantes con todo tipo de antecedentes religiosos o de los participantes sin antecedente de fe alguna.
- Familiarízate con el vocabulario de esta lección: Santísima Trinidad, Personas, Dios Padre, Dios Hijo, Dios Espíritu Santo. Las definiciones están en el glosario de esta guía.
- Distribuye copias de algunas oraciones a cada una de las Personas de la Trinidad. *Algunas sugerencias incluyen el Gloria, la señal de la cruz, el Acto de consagración a la Santísima Trinidad, la alabanza a la Santísima Trinidad que se encuentra en el Misal Romano y la Oración de san Agustín para obtener el celo.*

Bienvenida

A la llegada de los niños, da la bienvenida a cualquier nuevo participante o espónsor que llegue. Comprueba si dispones de los materiales y artículos diversos que pudieras necesitar. Pide que hagan cualquier pregunta o comentario que acerca de la lección anterior hubiera podido surgir durante la semana transcurrida.

Lectura inicial

Mateo 3:16–17

Enciende la vela y lee en voz alta. Pregunta después a los niños en qué punto del pasaje de la Escritura ven a Dios Padre, a Dios Hijo y a Dios Espíritu Santo.

Jesús es Dios Hijo. Dios Padre es la voz que viene del cielo. Dios Espíritu Santo es la paloma, o Espíritu de Dios, que desciende del cielo.

> El misterio de la Santísima Trinidad es el misterio central de la fe y de la vida cristiana. Es el misterio de Dios en sí mismo. Es, pues, la fuente de todos los otros misterios de la fe; es la luz que los ilumina.
>
> *CIC 234*

P3 PREGUNTAS

La Trinidad: Dios es tres y es uno solo

"Sigo sin enterlo", y, al decirlo, Terrence negaba también con la cabeza. "Yo y mi papá somos de la misma familia, pero no somos la misma persona, así que ¿cómo pueden Jesús y Dios ser lo mismo? Jesús es el hijo y Dios es el padre, ¿verdad?"

La señora Evans asintió, "Sí, es difícil entenderlo. Es por eso que se le llama un misterio de la fe. Vamos a buscar en la Escritura y en el catecismo a ver si encontramos algo que nos pueda ayudar a comprenderlo".

NIÑOS

CIC 232–67, 683–90

La Trinidad: Dios es tres y es uno solo

Después de leer la anécdota correspondiente a esta sección, discutan entre todo el grupo la pregunta de reflexión. Si a los niños les cuesta trabajo entender cómo podemos creer en la existencia de tres Personas en un solo Dios, recuérdales lo estudiado sobre la fe en la sesión anterior.

Revelación de la Trinidad

Concédeles a los niños tiempo para completar el cuadro individualmente o con un compañero. Circula por entre ellos y ayúdales cuando sea necesario. Ratifica las respuestas correctas y, con gentileza, encamina a los niños si se distraen.

Las respuestas sugeridas para la actividad incluyen:

- **Dios Padre** se reveló a sí mismo en el Antiguo Testamente e instruyó al pueblo de Israel acerca del Dios único y verdadero.
- **Dios Hijo** se hizo hombre y se llamó Jesús. Jesús era Dios y era hombre. A Jesús le acompañó un grupo de personas llamadas apóstoles que a los que instruyó acerca de Dios, el cielo y cómo vivir siguiendo su ejemplo.
- **Dios Espíritu Santo** descendió a la tierra en el día que denominamos Pentecostés.

PREGUNTAS

JORNADA DE FE

¿Cómo es que puede haber un solo Dios si creemos en Dios Padre, Dios Hijo y Dios Espíritu Santo?

El nombre de Dios

> *"Los cristianos son bautizados en "el nombre" del Padre y del Hijo y del Espíritu Santo y no en 'los nombres' de estos".*
>
> *CIC 233*

Cuando hacemos la señal de la cruz, decimos "en el nombre del Padre, el Hijo y el Espíritu Santo". Cuando oramos podemos dirigirnos a Dios Padre, Dios Hijo, o Dios Espíritu Santo. Cada uno de ellos es una Persona distinta en un Dios único, e independientemente de que recemos a Dios padre, a Dios Hijo o a Dios Espíritu Santo, estaremos rezando al mismo Dios, que es solo uno. Puede resultar difícil entenderr cómo puede haber tres Personas en un Dios y es por eso que, en ocasiones, decimos que se trata de un misterio de la fe. A este misterio le llamamos **Santísima Trinidad** porque trinidad quiere decir tres, y Dios es santo. Nadie sabía que existía este misterio hasta que Jesús nos lo dijo. Por medio de Jesús, Dios se nos reveló a sí mismo como la unión de tres **Personas**, "una eterna comunicación de amor: Padre, Hijo y Espíritu Santo" (*CIC* 221).

Revelación de la Trinidad

¡Dios ha sido una trinidad desde siempre! Sin embargo, fue poquito a poquito que nos fuimos enterando de la existencia del Padre, del Hijo y del Espíritu. Dios reveló este secreto en tres etapas:

1. **Dios Padre** e le reveló a sí mismo a Abraham, Moisés, David y a todo el pueblo del antiguo Israel en el Antiguo Testamento. En esa época, ellos adoraban a muchos dioses pero ninguno de ellos era verdadero, así que Dios les enseñó que hay un solo Dios verdadero.
2. Mucho tiempo después, **Dios Hijo**, se hizo hombre. Él tuvo un grupo de amigos a los que llamó apóstoles. Los apóstoles supieron por Jesús que él no era, simplemente, un hombre como otro cualquiera. Él era divino. Y no solo eso, ¡sino que Jesús era Dios! Jesús les dijo, "Yo y el Padre somos uno" (Juan 10:30).

Las tres Personas de la Trinidad se revelaron en el bautismo de Jesús. En su bautizo la voz del Padre dice, "Este es mi Hijo amado" (Mateo 3:17) y el Espíritu Santo desciende sobre Jesús en la forma de una paloma.

3. **Dios Espíritu Santo** descendió sobre la Iglesia en Pentecostés. María, la madre de Jesús, y sus amigos, los apóstoles, estaban rezando juntos. El Espíritu Santo descendió sobre ellos en forma de llamas. Esa fue la tercera etapa de la Revelación de la Trinidad. Dios es una eterna unión del Padre, el Hijo y el Espíritu.

A lo largo de la historia, Dios nos fue revelando poquito a poquito la naturaleza de la Trinidad. Dios también nos permite ir conociendo, poquito a poquito y a lo largo de nuestras vidas, la naturaleza de ella.

ACTIVIDAD

Enumera una o dos cosas que hayas aprendido acerca de cada Persona de la Trinidad. Escríbelas junto al nombre esa Persona.

Dios Padre	
Jesús, Dios Hijo	
Dios Espíritu Santo	

Símbolos de la Trinidad

Hace falta mucho tiempo para comprender los misterios de la fe. Por suerte, algunos santos nos propusieron ejemplos que nos ayudar a comprenderlos. San Patricio fue un misionero que predicó a los irlandeses. Utilizó un trébol de tres hojas para instruirlos acerca de la Trinidad. Es un solo trébol pero tiene tres hojas. Es, al mismo tiempo, uno y tres.

El papa san Juan Pablo II utilizó el ejemplo de una familia. La familia es una, pero está formada por varias personas: una madre, un padre y los hijos. Al igual que en una familia humana, la Trinidad es tres Personas unidas por el amor.

¿Qué puedes aprender de Dios y del amor de Dios con el ejemplo de tu familia?

La respuesta al amor

"Por la gracia del bautismo… somos llamados a participar en la vida de la Bienaventurada Trinidad" (*CIC* 265). Los católicos estamos mucho más cerca de la vida de la Santísima Trinidad cuando celebramos la Eucaristía durante la misa. También nos acercamos más a ella cuando rezamos. Podemos rezarle a la Trinidad como si le estuviésemos hablando a un amigo.

Símbolos de la Trinidad

Pide a los niños que cuenten al grupo la forma en que la familia de cada uno de ellos comparte el amor de Dios.

Actividad final

Cuando te encuentres ya en los finales de la sesión, concédeles tiempo a los niños para que terminen la actividad "¿En qué se parecen?" Las respuestas a dicha actividad aparecen a continuación:

- Pitcher, outfielder, shortstop
  Todos son parte de un equipo de béisbol
- Maestro, director, estudiante
  Todos son parte de una escuela
- Rey, reina, príncipe
  Todos son de la realeza o parte de una familia real
- Dedos del pie, tobillo, talón
  Todos son parte del cuerpo, partes de pie
- El sol, la luna, las estrellas
  Todos son objetos situados en el espacio
- Padre, Hijo, Espíritu Santo
  Todos son Dios

¿En qué se parecen?

¿Qué tienen en común las personas y cosas que hay en cada uno de estos grupos?

- Pitcher, outfielder, shortstop ______
- Maestro, director, estudiante ______
- Rey, reina, príncipe ______
- Dedos del pie, tobillo, talón ______
- El sol, la luna, las estrellas ______
- Padre, Hijo, Espíritu ______

Resumen

- Trinidad es el término usado por los cristianos para referirse a las tres personas que conforman al Dios único.
- La Trinidad se nos revela en la Escritura.
- Uno puede hacerse amigo de cada una de esas Personas.

Jornada de Fe para Niños, Preguntas, P3 (827037)

Imprimi Potest: Stephen T. Rehrauer, CSsR, Provincial de la Provincia de Denver.

Imprimatur: "Conforme al *CIC* 827, el 13 de julio de 2017, el reverendo Mark S. Rivituso, obispo auxiliar de la archidiócesis de St. Louis, concedió el permiso de publicación. El Imprimátur es un permiso para la publicación que indica que la obra no contiene contradicciones con las enseñanzas de la Iglesia Católica, sin embargo no implica la aprobación de las opiniones que se expresan en ella. Con este permiso no se asume ninguna responsabilidad".

Edición del 2017: Theresa Nienaber-Panuski and Pat Fosarelli, MD, DMin.

Diseño y producción: Wendy Barnes, John Krus, Lorena Mitre Jimenez, Bill Townsend. Ilustraciones: Jeff Albrecht.

Impreso en los Estados Unidos de América.

21 20 19 18 17 / 5 4 3 2 1. Tercera edición.

Oración final

Concluye con el *Gloria*. (Puede que los niños todavía no se sepan esta oración, así que quizás consideres apropiado que repitan cada línea después de ti, o prefieras escribirla en la pizarra o entregarle una copia a cada niño o niña.)

Gloria al Padre,
al Hijo
y al Espíritu Santo,
como era en el principio,
ahora y siempre
por los siglos de los siglos. Amén.

Tarea

Pídeles a los niños que continúen investigando durante esta semana acerca de la Trinidad y que encuentren alguna cosa nueva relativa a ella para compartirla en casa con los suyos. Puede tratarse de un versículo de la Escritura, una oración, algo del *Catecismo* o algo de la vida de un santo.

P4: ¿Quién es Jesucristo?

Catecismo: 514–682

Objetivos

- Definir a Jesús como totalmente hombre y totalmente Dios.
- Descubrir que Cristo es el camino que conduce al Padre y a la salvación.
- Desarrollar la relación de los participantes con Jesús mediante la comunicación personal y la reflexión.

Meditación del maestro

Juan 10:7–18

Jesús se compara con un pastor solícito que daría la vida por sus ovejas. Reflexiona sobre lo que estas palabras nos dicen sobre Jesús como persona.

Preparación del maestro

- Lee la lección, este plan de clase, el pasaje de la Escritura y las secciones del *Catecismo*.
- Familiarízate con el vocabulario de esta sección: Evangelios, milagro. Las definiciones aparecen en la lección y en el glosario de esta guía.
- Debes estar listo para reproducir para los participantes los pasos que se deben seguir para buscar los versículos de la Biblia. En esta lección se citan muchos. Determina previamente si tendrás tiempo para cubrirlos todos con todo el grupo, si deberás formar con los niños grupos más pequeños o si deberás dejarles algunos de esos versículos para que reflexionen sobre ellos fuera de la sesión.
- Dirígete a tu párroco si necesitas orientación acerca de posibles preguntas o preocupaciones con relación a la vida de Jesús, su identidad, palabras y naturaleza dual. Quizás él pueda ayudarte a dirigir la sesión o te pueda recomendar cómo explicar el material a los niños.

Bienvenida

Al ir llegando los niños, dales la bienvenida a los nuevos participantes y espónsores. Comprueba si dispones de los materiales y artículos diversos que pudieras necesitar. Pide que hagan cualquier pregunta o comentario que acerca de la lección anterior hubiera podido surgir durante la semana transcurrida.

Lectura inicial

Juan 10:7–18

Enciende la vela y lee en voz alta. Pon énfasis en las palabras de Jesús, "Yo soy el buen pastor; y conozco mis ovejas y las mías me conocen a mí". Aclara a los niños qué significa ser uno de los de Jesús. Por ser de los de Jesús, nosotros somos parte del "rebaño" de él, de su familia, tal como pertenecemos a nuestras familias. Ello no significa que Jesús nos "posea" como si fuésemos sus esclavos. (En lecciones posteriores se analizará el libre albedrío y las buenas elecciones, de manera que, por ahora, puede que sea oportuno centrarse en la idea de que somos parte del "rebaño" de Jesús.)

Como Señor, Cristo es también la cabeza de la Iglesia que es su Cuerpo. Elevado al cielo y glorificado, habiendo cumplido así su misión, permanece en la tierra en su Iglesia.

CIC 669

P4

PREGUNTAS

¿Quién es Jesucristo?

Tomás estaba perdido. Tenía que ir para casa de Terrence pero todas las calles le parecían iguales. Se daba cuenta de que debía darse vuelta y regresar a su casa pero seguía caminando. Tomás sabía que había perdido el camino pero no sabía cómo volver al camino correcto.

"¿Qué haces tú por aquí?" gritó Terrence al ver a Tomás.

Tomás respiró con alivio. "Estoy perdido. No sabía por dónde ir".

"No hay problema. Saqué mi perro a pasear. Si vienes con nosotros, te enseñaré por dónde debes ir".

NIÑOS

CIC: 514–682

P4

¿Quién es Jesucristo?

Lean en el grupo la anécdota de la lección y pregunta a los niños si se les ocurre qué diferencia hay entre estar perdido como le pasó a Tomás y lo que Jesús quiere decir cuando habla de estar perdidos.

Tomás estaba físicamente perdido. Él pensaba que se encontraba en la calle correcta pero no era así. Terrence tuvo que mostrarle cuál era el camino que tenía que seguir. Jesús nos habla de estar perdidos espiritualmente. Esto significa que podemos estar confundidos en cuanto a cuáles elecciones son buenas o malas, cómo tratar a los demás o cómo comportarnos.

El camino

Pregunta a los niños cómo podría ser Jesús el camino que conduce a Dios. Haz hincapié en que Jesús es como nuestro mapa espiritual. Mediante su vida nos da las indicaciones acerca de cómo llegar a Dios.

Pide a los niños que piensen en cómo Jesús los conduce a Dios. Anímalos a pensar en historias específicamente suyas y cuéntales una tuya como ejemplo.

La verdad

Entre todo el grupo elaboren una lista de cómo sabemos que Jesús es la verdad.

Jesús nunca miente. Jesús siempre hace lo que dice que va a hacer. Jesús cuida de nosotros y quiere lo mejor para nosotros. Cuando hacemos lo que dice Jesús, nos acercamos más a Dios. Jesús es realmente Dios y quiere que vayamos al cielo y estemos con él.

La vida

Detente aquí para hacer entre todos la actividad *Jesús es...* Pon énfasis en que, por sus palabras y acciones, sabemos que Jesús es Dios.

- ¿Cómo te proporcionan vida los alimentos? ¿En qué se asemeja Jesús al alimento? (Juan 6:48)

Los alimentos nutren nuestros cuerpos y nos ayudan a mantenernos activos y saludables. Jesús ayuda a nuestras almas a mantenerse activas y saludables. Jesús alimenta nuestros cuerpos y almas mediante un modo especial, mediante la Eucaristía.

- ¿Cómo es que la luz te permite ver? ¿Cómo se asemeja Jesús a la luz? (Juan 8:12)

La luz despeja las sombras y la oscuridad para que podamos hallar el camino y ver las cosas que nos rodean. Jesús ilumina nuestras vidas al ayudarnos a distinguir el bien del mal y a ver a las personas que nos rodean.

PREGUNTAS

JORNADA DE FE

¿Quién es Jesús?

Jesús es la persona más importante en nuestra jornada hacia Dios. Jesucristo es el centro de nuestra fe. Sin Jesús, no podríamos conocer a Dios. Sin Jesús, no habría Iglesia.

Jesús dijo, "Yo soy el Camino, la Verdad y la Vida. Nadie va al Padre sino por mí" (Juan 14:6). Examinemos detalladamente esas palabras.

El camino

Jesús es el Camino hacia Dios. Cuando conocemos a Jesús, conocemos a Dios. Las enseñanzas de Jesús nos conducen hacia Dios.

¿Cómo nos conduce Jesús a Dios?

La verdad

Jesús no dijo, "Lo que les *digo* es la verdad", sino "Yo *soy* la verdad". Jesús nos pide que creamos en él porque él es Dios. Cuando creemos en alguien, confiamos en que lo que nos dice también es verdad. Es por eso que también creemos en lo que Jesús nos enseñó.

¿Crees tú que Jesús es realmente Dios?

La vida

Jesús nos enseñó, con su ejemplo, cómo vivir. Jesús con frecuencia se apartaba de todos para orar. Esto le ayudaba a comprender y obedecer a su Padre. Nosotros también dedicamos tiempo a la oración y vivimos de acuerdo con las reglas de Dios. Jesús nos trae la vida eterna. La Buena Nueva llena nuestras vidas de gozo y esperanza.

¿Qué es lo que trae a tu vida gozo o esperanza?

Jesús es...

Jesús no solo realizó buenas obras sino que también dijo muchas cosas sobre sí mismo. Estas son algunas de ellas:

- *"Yo soy el pan de la vida"* (Juan 6:48). ¿Cómo te dan vida los alimentos? ¿En qué se asemeja Jesús al alimento?
- *"Yo soy la luz del mundo"* (Juan 8:12). ¿Cómo es que la luz te permite ver? ¿Cómo se asemeja Jesús a la luz?
- *"Yo soy el buen pastor"* (Juan 10:14). ¿Qué hace un pastor? ¿En qué es Jesús como un pastor?
- *"Yo soy la vid verdadera, y mi Padre es el viñador"* (Juan 15:1). ¿Cómo ayuda la vid al sarmiento atado a ella? ¿En qué es Jesús como una vida?

- ¿Qué hace un pastor? ¿En qué es Jesús como un pastor? (Juan 10:14)

Un pastor cuida de sus ovejas y las mantiene a salvo y saludables. Jesús nos cuida a nosotros y nos mantiene a salvo mediante las reglas que nos ha dado para que vivamos de acuerdo con ellas. Jesús vela por nosotros y nos escucha cuando le hablamos.

- ¿Cómo ayuda la vid a la planta a la que está sujeta? ¿En qué es Jesús como una vid? (Juan 15:1)

La vid mantiene a la planta enraizada en la tierra de la que puede obtener el alimento y sobrevivir a las tormentas. Una planta sin vid se secará o será arrastrada por el viento durante una tormenta fuerte. Jesús nos mantiene "enraizados" a Dios para que podamos tener alimento espiritual y crezcamos fuertes en la fe.

La vida de Jesús

En los **Evangelios** de Mateo, Marcos, Lucas y Juan leemos sobre la vida de Jesús. El nacimiento de Jesús fue un milagro. Un ángel llamado Gabriel le dijo a una muchacha llamada María que ella iba a ser la madre de Jesús. Ella estaba comprometida con un hombre llamado José. Jesús nació en Belén y María y José le ayudaron a crecer conociendo y amando a Dios.

Jesús hizo muchas cosas buenas. Él instruyó a la gente sobre la naturaleza de Dios. Él perdonó a las personas cuando se arrepentían de las cosas malas que habían hecho. Él también sanó a personas que estaban enfermas o dañadas. Algunas de las historias más emocionantes sobre Jesús describen los milagros que realizó. Un **milagro** es un acontecimiento para el que no hay una explicación científica. Es algo que parece imposible, pero para lo cual existen pruebas de que sucedió.

No a todos les gustaba lo que Jesús hacía y decía, de manera que los líderes religiosos de ese entonces conspiraron para que Jesús muriera en la cruz. Jesús sabía lo que estaban planeando, pero dejó que siguieran adelante. Jesús murió en una cruz pero, tres días después, sucedió el mayor de todos los milagros. ¡Jesús resucitó de entre los muertos! Él se apareció a sus amigos para que supieran que él estaba vivo. Todo el que cree en Jesús sabe que él es real y que vive por toda la eternidad.

Los milagros de Jesús

Jesús realizó muchos milagros cuando estaba en la tierra. ¿Qué nos enseñan esos milagros sobre Jesús?

- Mateo 14:22–33
  "[Jesús] vino él hacia ellos, caminando sobre el mar" (v. 25).
- Mateo 8:5–13
  "Yo iré a curarle" (v. 7).
- Juan 11:17–44
  "Él gritó con fuerte voz: '¡Lázaro, sal fuera!'" (v. 43).

La vida de Jesús

Recuerda a los niños que los cuatro Evangelios aparecen en el Nuevo Testamento y que fueron escritos para que conozcamos a Jesús.

Pregunta a los niños si han escuchado alguna historia acerca de milagros. Si bien sus ejemplos no necesariamente han de ser milagros aprobados por la Iglesia, asegúrate de que vean la diferencia entre un milagro realmente atribuible a Dios y algo que la gente dice que es un "milagro" solo porque es algo realmente inesperado (como que es un "milagro" que uno limpie su cuarto sin que se lo pidan).

Completen entre todos la actividad *Los milagros de Jesús;* las respuestas aparecen a continuación. Debido a que esta actividad se realiza antes de que los niños hayan aprendido a buscar en la Biblia, ayúdales a localizar los pasajes y léelos en voz alta. En el caso de los niños más pequeños, puede que sea mejor leerles una narración de un libro de historias bíblicas escrito para ellos.

- Mateo 14:22–33

Este milagro pone de manifiesto la naturaleza divina de Jesús (muestra que Jesús es Dios) y que porque Jesús es Dios es que puede dominar la naturaleza.

- Mateo 8:5–13

Este milagro pone de manifiesto que Jesús aceptó también a los gentiles (personas no judías) entre sus seguidores. También manifiesta su capacidad para sanarnos.

- Juan 11:17–44

Este milagro nos revela que Jesús, que es Dios, tenía autoridad sobre la muerte y podía devolver la vida a las personas.

Actividad final

Cuando te encuentres ya finalizando la lección, dales a los niños algún tiempo para que completen *Tú me conoces*, la actividad final de la sesión. Pide a los niños que cuenten al grupo uno de los hechos de Jesús que hayan aprendido, o camina por entre ellos para ver qué están escribiendo. Confirma las respuestas correctas y ayuda a que quede aclarada cualquier confusión.

"Tú me conoces"

Enumera 5 cosas que hoy aprendiste sobre Jesús.

1. ______________________________

2. ______________________________

3. ______________________________

4. ______________________________

5. ______________________________

Resumen

- Jesús es totalmente hombre y totalmente Dios.
- Cristo es el camino que conduce al Padre y a la salvación.
- La amistad con Jesús crece con la comunicación y la reflexión.

Jornada de Fe para Niños, Preguntas, P4 (827037)

Imprimi Potest: Stephen T. Rehrauer, CSsR, Provincial de la Provincia de Denver.

Imprimatur: "Conforme al *CIC* 827, el 13 de julio de 2017, el reverendo Mark S. Rivituso, obispo auxiliar de la archidiócesis de St. Louis, concedió el permiso de publicación. El Imprimátur es un permiso para la publicación que indica que la obra no contiene contradicciones con las enseñanzas de la Iglesia Católica, sin embargo no implica la aprobación de las opiniones que se expresan en ella. Con este permiso no se asume ninguna responsabilidad".

Edición del 2017: Theresa Nienaber-Panuski and Pat Fosarelli, MD, DMin.

Diseño y producción: Wendy Barnes, John Krus, Lorena Mitre Jimenez, Bill Townsend. Ilustraciones: Jeff Albrecht.

Impreso en los Estados Unidos de América.

21 20 19 18 17 / 5 4 3 2 1. Tercera edición.

Oración final

Enseña a los niños a proclamar el memorial eucarístico pidiéndoles que repitan contigo cada una de sus líneas. Explícales que estas afirmaciones son el resumen de nuestra fe y con ellas se declara quién es Jesús. Estas líneas son tan importante que las pronunciamos juntos en todas las misas.

Cuando comemos de este pan
y bebemos de esta copa
anunciamos tu muerte, oh, Señor,
hasta que vuelvas.

Tarea

Pide a los niños y sus padres (o tutores) que lean Juan 1:1–18 juntos. Sugiéreles que dividan la lectura en uno o dos versículos que irán leyendo sucesivamente cada noche (en dependencia de cuándo tendrá lugar la siguiente sesión) para que así la familia tenga la oportunidad de reflexionar todos juntos. Diles a los niños que centren su atención en lo que los pasajes dicen acerca de Jesús.

P5: La Biblia

Catecismo: 74–83; 101–133; 109–119

Objetivos

- Describir la Biblia como excepcional y también histórica.
- Definir la Escritura como la Palabra sagrada inspirada por Dios.
- Admitir que la Escritura ha de ser leída detenida y esmeradamente.

Meditación del maestro

2 Timoteo 3:16–17

Reflexiona en estas preguntas, y después reza la oración que aparece más abajo. ¿Dedico cada semana tiempo suficiente a leer la Escritura y reflexionar sobre ella? ¿En qué ocasiones y de qué forma me ha guiado Dios por el texto sagrado, me ha conducido y me ha ayudado a adoptar decisiones sobre mi vida?

Querido Dios, tú me has dado la tarea de ayudar a estas personitas a comprender tu Palabra. A veces yo mismo todavía paso trabajo para comprenderla plenamente. Envíame, por favor, tu Espíritu para que me inspire y hable por mi boca para que yo pueda convertirme en un puente que conecte tu corazón con los corazones y las mentes de mis participantes. Amén.

Preparación del maestro

- Lee la lección, este plan de clase, el pasaje de la Escritura y las secciones del *Catecismo*.
- Familiarízate con el vocabulario de esta sección: Biblia, inspirado, Antiguo Testamento, Nuevo Testamento, Pentateuco, Torá, Evangelios, epístolas. Puedes encontrar las definiciones en el glosario de esta guía.
- Garantiza que cada participante tenga una Biblia católica para utilizarla en la sesión y en su casa. Recopila también materiales y otros medios que les ayuden a estudiar y reflexionar sobre la Escritura y las lecturas de la misa. Si no puedes proporcionarles a los participantes ejemplares de la Biblia, dales una lista de traducciones católicas confiables e infórmales si las pueden encontrar en línea.

Bienvenida

Al ir llegando los niños, dale la bienvenida a cada uno de ellos. Comprueba si dispones de los materiales y artículos diversos que pudieras necesitar. Pide que hagan cualquier pregunta o comentario que tengan acerca de la lección anterior y/o compartan con el grupo cualquier nueva información que tengan o cualquier conclusión a la que hayan llegado. Comienza rápidamente.

Lectura inicial

2 Timoteo 3:16–17

Enciende la vela y lee en voz alta. En esta ocasión, cada niño deberá buscar el pasaje en su Biblia y seguir la lectura en lugar de limitarse a escucharte leer.

> La Sagrada Escritura es la palabra de Dios en cuanto se consigna por escrito bajo la inspiración del Espíritu Santo (...) se ha de leer e interpretar con el mismo Espíritu con que fue escrita.
>
> Constitución Dogmática sobre la Divina Revelación *(Dei Verbum)*, 9, 12; ver CIC 81, 111

P5 PREGUNTAS

La Biblia

"Yo entiendo que Jesús fue una persona real. ¿Pero cómo se sabe que él realmente hizo todas esas cosas que la gente escribió sobre él y la Biblia no es un montón de relatos?" preguntó Lisa.

"La Biblia es diferente a un libro de texto de Historia", respondió la señora Evans. "No podemos hojearla para buscar determinados hechos históricos. Pero tampoco es un libro de cuentos. Todo lo que la Biblia nos enseña acerca de Dios y de cómo debemos vivir es la Verdad". La señora Evans sostuvo en alto su Biblia, "Esta es una de las cosas más importantes que puedan llevar con ustedes en su jornada de fe".

NIÑOS

CIC 74–83, 101–33, 109–19

P5

La Biblia

Después de la lectura inicial, dales tiempo a los niños para que completen la actividad de la lista. No todo lo que habrán escuchado acerca de la Biblia coincidirá con las enseñanzas católicas sobre ella (como la expresión "todo lo que aparee en la Biblia ha de ser interpretado literal y exactamente"). Eso es suficiente por el momento. Esa lista te servirá para tener una idea de qué habían escuchado los niños antes de la lección de hoy.

¿Quién escribió la Biblia?

Entre todo el grupo, elaboren una definición de la palabra "inspirado" que sea aplicable a los autores de la Sagrada Escritura.

Los niños pudieran hacer preguntas acerca de la fiabilidad de las Escrituras. Si las hacen, indícales que hay pruebas, tanto en las propias Escrituras como en otras fuentes, que las vinculan con hechos históricos y con relatos de testigos presenciales de dichos hechos. Anima a los chicos curiosos a que sigan investigando en medios católicos sobre la historia de la Biblia (*CIC* Artículo 3: La Sagrada Escritura, es un buen punto de partida).

Enumera dos o tres cosas que sepas o hayas escuchado acerca de la Biblia.

____

____

____

¿Qué es la Biblia?

La **Biblia** es una colección de libros acerca de Dios y del pueblo de Dios. Comienza con la creación del mundo y de todas las cosas vivas. La Biblia cuenta sobre historias y viajes, sobre victorias y fracasos. Hay historias, cantos, bienaventuranzas y reglas. Nos dice cómo Jesús vino al mundo y cómo Dios quiere que vivamos nuestra fe.

¿Quién escribió la Biblia?

Se necesitaron cientos de años y muchas personas para escribir la Biblia que utilizamos hoy, pero eso no significa que la Biblia sea inventada. La Biblia es como una colección de los recuerdos que sobre Dios tenía la gente, y que, por inspiración del Espíritu Santo, pudieron ser transmitidos a quienes vinieron después.

Debido a que todas esas memorias procedían de Dios y a que Dios es la Verdad, nosotros sabemos que podemos confiar en las Verdades de la Biblia. El Espíritu Santo **inspiró** a los autores bíblicos para que dejaran por escrito sus experiencias y su sabiduría para que todos pudieran oír la Palabra de Dios.

¿Qué crees que significa que alguien haya sido inspirado?

¿Qué contiene la Biblia?

Los escritos de la Biblia son de diferentes tipos: relatos históricos, poemas, canciones y mensajes de los profetas de Dios. No se puede leer un libro de poemas como si fuera un libro de historia porque cada uno de ellos tiene un propósito diferente. Los poemas utilizan imágenes para que aprendamos sobre la vida o el mundo. Los libros de historia nos presentan hechos sobre personas, fechas y sucesos. Si comprendemos qué tipo de escrito estamos leyendo, ello nos ayudará a comprender la Biblia.

La Biblia tiene dos partes principales: el **Antiguo Testamento** es acerca del pueblo de Dios antes de Jesús. En él se narra acerca de las leyes de Dios, de cómo Dios ayudó a su Pueblo Escogido, y hasta acerca de la llegada del Mesías que vendría, Jesús. El **Nuevo Testamento** nos cuenta de Jesús y de las cosas que enseñó cuando estaba en la tierra. También nos relata cómo era la Iglesia de los inicios.

El Antiguo Testamento

Se requirieron casi mil años para la escritura del Antiguo Testamento. Los cinco primeros de sus libros son llamados el **Pentateuco** o la **Torá**. En esos libros se explican las promesas y las leyes establecidas entre Dios y su pueblo, los israelitas. Dios dijo a su pueblo que él les enviaría un Mesías, un salvador, pero el pueblo no sabía quién era Jesús. Ellos esperaban, se hacían preguntas y se preparaban.

El Nuevo Testamento

El Nuevo Testamento comienza con el nacimiento de Jesús. Los cuatro **Evangelios** nos instruyen acerca de la vida de Jesús en la tierra. Cada uno de los Evangelios es un poco diferente de los demás porque fueron escritos por personas diferentes. Cada uno de estos autores se propuso transmitir sus impresiones personales sobre Jesús para que supiésemos más sobre él. Cuando leemos los Evangelios oímos, en las propias palabras de Jesús, cómo son Dios y el cielo. Leemos sobre el sufrimiento, la muerte y la resurrección de Jesús. Aprendemos a vivir como Jesús.

Más tarde, algunos discípulos escribieron cartas con las que se proponían ayudar a la edificación de la Iglesia inicial. Esas cartas reciben el nombre de **epístolas**. Los primeros cristianos amaban tanto a Jesús que estaban dispuestos a morir por su fe.

¿Cómo puedo entender lo que Dios dice?

Puede ser que algunas veces no entiendas la Biblia. También pudiera pasar que a veces parezca no tener nada que ver con tu vida. Eso hace muy difícil creer que Dios te está hablando. Cuando leas la Biblia, debes recordar tres cosas:

1. **Dios te ama** y quiere conversar contigo. Cada una de las historias de la Biblia es como un mensaje que te envía tu mejor amigo. Dios tiene algo especial e importante que decirte solo a ti.
2. **Todos necesitamos ayuda** para leer la Biblia. Escucha a las personas que Dios te envía para enseñarte y hazles todas las preguntas que tengas.
3. **La oración puede abrirte la mente y el corazón** a nuevas ideas. Si estás confundido y no tienes cerca a nadie que pueda ayudarte, solo reza "Dios, ayúdame a entender".

LOCALIZAR LOS VERSÍCULOS

Tanya levantó la mano. "¿Así que tenemos que leernos todo el Antiguo Testamento antes de poder aprender sobre Jesús?"

La señora Evans negó con la cabeza. "No. La Biblia no es un libro cualquiera. No hay que leerlo del principio al fin. Es por eso que cuando hablamos de los pasajes bíblicos decimos Mateo 15:10. Es como un código.

"Primero aparece el título del libro. Después el número del capítulo, entonces dos puntos y, por último, el número del versículo. La mayoría de los libros tienen capítulos numerados. Cuando buscas en ese capítulo, encontrarás que dentro de cada párrafo hay unos números muy chiquitos. Cuando encuentras entre los números chiquitos el número del versículo que buscas, eso es lo que lees. Podemos buscar en la Biblia pasajes que se relacionen con cualquier cosa que nos interese. Podemos aprender de ella cuando tenemos una pregunta. En ella encontramos ayuda cuando estamos asustados. Hasta nos ayuda a rezar".

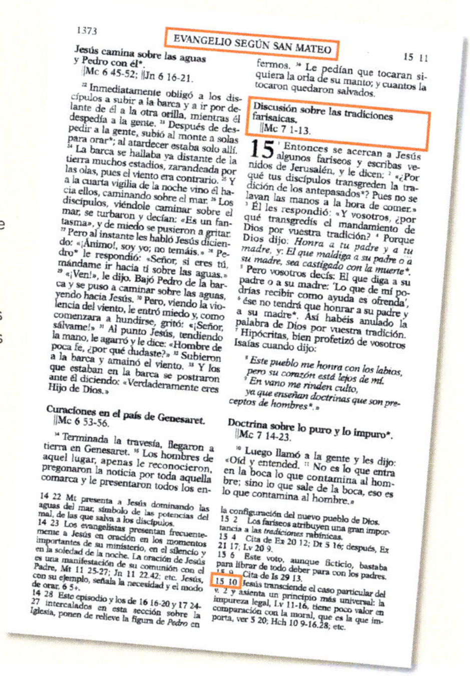

1373 EVANGELIO SEGÚN SAN MATEO 15 11

Jesús camina sobre las aguas y Pedro con él*.
‖Mc 6 45-52; ‖Jn 6 16-21.

22 Inmediatamente obligó a los discípulos a subir a la barca y a ir por delante de él a la otra orilla, mientras él despedía a la gente. 23 Después de despedir a la gente, subió al monte a solas para orar*; al atardecer estaba solo allí. 24 La barca se hallaba ya distante de la tierra muchos estadios, zarandeada por las olas, pues el viento era contrario. 25 Y a la cuarta vigilia de la noche vino él hacia ellos, caminando sobre el mar. 26 Los discípulos, viéndole caminar sobre el mar, se turbaron y decían: «Es un fantasma», y de miedo se pusieron a gritar. 27 Pero al instante les habló Jesús diciendo: «¡Ánimo!, soy yo; no temáis.» 28 Pedro* le respondió: «Señor, si eres tú, mándame ir hacia ti sobre las aguas.» 29 «¡Ven!», le dijo. Bajó Pedro de la barca y se puso a caminar sobre las aguas, yendo hacia Jesús. 30 Pero, viendo la violencia del viento, le entró miedo y, como comenzara a hundirse, gritó: «¡Señor, sálvame!» 31 Al punto Jesús, tendiendo la mano, le agarró y le dice: «Hombre de poca fe, ¿por qué dudaste?» 32 Subieron a la barca y amainó el viento. 33 Y los que estaban en la barca se postraron ante él diciendo: «Verdaderamente eres Hijo de Dios.»

Curaciones en el país de Genesaret.
‖Mc 6 53-56.

34 Terminada la travesía, llegaron a tierra en Genesaret. 35 Los hombres de aquel lugar, apenas le reconocieron, pregonaron la noticia por toda aquella comarca y le presentaron todos los enfermos. 36 Le pedían que tocaran siquiera la orla de su manto; y cuantos la tocaron quedaron salvados.

Discusión sobre las tradiciones farisaicas.
‖Mc 7 1-13.

15 1 Entonces se acercan a Jesús algunos fariseos y escribas venidos de Jerusalén, y le dicen: 2 «¿Por qué tus discípulos transgreden la tradición de los antepasados*? Pues no se lavan las manos a la hora de comer.» 3 Él les respondió: «Y vosotros, ¿por qué transgredís el mandamiento de Dios por vuestra tradición? 4 Porque Dios dijo: *Honra a tu padre y a tu madre*, y: *El que maldiga a su padre o a su madre, sea castigado con la muerte**. 5 Pero vosotros decís: El que diga a su padre o a su madre: 'Lo que de mí podrías recibir como ayuda es ofrenda', 6 ése no tendrá que honrar a su padre y a su madre*. Así habéis anulado la palabra de Dios por vuestra tradición. 7 Hipócritas, bien profetizó de vosotros Isaías cuando dijo:

8 *Este pueblo me honra con los labios,*
pero su corazón está lejos de mí.
9 *En vano me rinden culto,*
*ya que enseñan doctrinas que son preceptos de hombres**.»

Doctrina sobre lo puro y lo impuro*.
‖Mc 7 14-23.

10 Luego llamó a la gente y les dijo: «Oíd y entended. 11 No es lo que entra en la boca lo que contamina al hombre; sino lo que sale de la boca, eso es lo que contamina al hombre.»

14 22 Mt presenta a Jesús dominando las aguas del mar, símbolo de las potencias del mal, de las que salva a los discípulos.
14 23 Los evangelistas presentan frecuentemente a Jesús en oración en los momentos importantes de su ministerio, en el silencio y en la soledad de la noche. La oración de Jesús es una manifestación de su comunión con el Padre, Mt 11 25-27; Jn 11 22.42; etc. Jesús, con su ejemplo, señala la necesidad y el modo de orar, 6 5+.
14 28 Este episodio y los de 16 16-20 y 17 24-27 intercalados en esta sección sobre la Iglesia, ponen de relieve la figura de *Pedro* en la configuración del nuevo pueblo de Dios.
15 2 Los fariseos atribuyen una gran importancia a las *tradiciones* rabínicas.
15 4 Cita de Ex 20 12; Dt 5 16; después, Ex 21 17; Lv 20 9.
15 6 Este voto, aunque ficticio, bastaba para librar de todo deber para con los padres.
15 9 Cita de Is 29 13.
15 10 Jesús transciende el caso particular del v. 2 y asienta un principio más universal: la impureza legal, Lv 11-16, tiene poco valor en comparación con la moral, que es la que importa, ver 5 20; Hch 10 9-16.28; etc.

Localizar los versículos

Haz una pausa para leer la historia que aparece en la barra lateral. Pide después a los niños que busquen Mateo 15:10 por sí mismos o con un compañero (dependiendo del número de Biblias de las dispongas para distribuir entre los niños). Comprueba que todos los niños encuentren el pasaje correcto.

Si a los chicos les está costando trabajo la búsqueda, escoge más versículos de la Biblia para que los localicen y aprendan así a hacerlo. Escoge algunos de tus pasajes favoritos de la Escritura y comenta con los niños por qué te gustan tanto. Es una gran oportunidad para que los niños te conozcan mejor mientras van aprendiendo. (También puedes utilizar los pasajes de la Escritura que aparecen en la Actividad Final.)

Mientras los niños van trabajando, aprovecha la oportunidad para darles más información acerca de la Biblia y de cómo está estructurada. Puede que te resulte deseable comentarles los siguientes puntos referidos al Antiguo Testamento:

- Los libros del Antiguo Testamento están agrupados de modo tal que nos ayuda a comprender el peregrinar del Pueblo Escogido por Dios.
- Cada libro tiene un propósito específico y fue escrito en un estilo que le es único.
- En la *New American Bible* (conocida también como *NABRE*), el Antiguo Testamento consta de cuarenta y seis libros, al igual que en la Biblia de Jerusalén en español.

Y los siguientes puntos sobre el Nuevo Testamento:

- Transcurrieron varios años de transmisión oral antes de que los cristianos de los inicios sintieran la necesidad de preservar sus palabras por escrito.
- Para finales del primer siglo después de Cristo, casi la totalidad de los veintisiete libros que componen el Nuevo Testamento habían sido escritos.
- Cada uno de los libros nos cuenta algo especial sobre Jesús.
- En cada libro están registradas las palabras y las obras de Jesús y esos registros tienen el poder de transformar hoy nuestras vidas.

Actividad final

Cuando ya esté próxima a concluir la lección, dales a los niños tiempo para que terminen la actividad "Explorando los Evangelios". Puede que no alcance el tiempo para que los niños respondan las cinco preguntas, así que puedes dividir a los niños en cinco grupos y asignarle a cada uno de ellos la responsabilidad por uno de los pasajes. También pudieras asignar a cada niño un número del 1 al 5 para que trabaje independientemente en el tema de ese pasaje.

Si no puedes completar los cinco pasajes en clase, anima a los niños para que los terminen en casa con sus padres o con algún otro miembro de la familia.

EXPLORANDO LOS EVANGELIOS

Encuentra estas historias en tu Biblia y léelas. Entonces contesta las siguientes preguntas. Si necesitas ayuda, pregunta al maestro de tu grupo o a algún padre o madre.

1. ¿Qué se cuenta en esta historia?
2. ¿Cómo se sienten las personas que aparecen en la historia?
3. ¿Qué hace Jesús?
4. ¿Cómo muestra Dios su amor por ti?

Mateo 3:13–17 (El bautismo de Jesús)

1. ____________
2. ____________
3. ____________
4. ____________

Mateo 9:18–26 (La hija del magistrado)

1. ____________
2. ____________
3. ____________
4. ____________

Marcos 4:35–41 (Jesús calma la tempestad)

1. ____________
2. ____________
3. ____________
4. ____________

Marcos 6:45–52 (Jesús camina sobre la mar)

1. ____________
2. ____________
3. ____________
4. ____________

Juan 2:1–11 (La boda de Caná)

1. ____________
2. ____________
3. ____________
4. ____________

Resumen

- La Biblia es excepcional e histórica.
- La Escritura es la Palabra sagrada inspirada por Dios.
- La Escritura ha de ser leída detenida y esmeradamente.

Jornada de Fe para Niños, Preguntas, P5 (827037)

Imprimi Potest: Stephen T. Rehrauer, CSsR, Provincial de la Provincia de Denver.

Imprimatur: "Conforme al *CIC* 827, el 13 de julio de 2017, el reverendo Mark S. Rivituso, obispo auxiliar de la archidiócesis de St. Louis, concedió el permiso de publicación. El Imprimátur es un permiso para la publicación que indica que la obra no contiene contradicciones con las enseñanzas de la Iglesia Católica, sin embargo no implica la aprobación de las opiniones que se expresan en ella. Con este permiso no se asume ninguna responsabilidad".

 Para hacer pedidos, visite *Liguori.org* o llame al 800-325-9521. Liguori Publications, corporación no lucrativa, es un apostolado de los Redentoristas. Para saber más acerca de los Redentoristas visite "Redemptorists.com".

Edición del 2017: Theresa Nienaber-Panuski and Pat Fosarelli, MD, DMin.

Diseño y producción: Wendy Barnes, John Krus, Lorena Mitre Jimenez, Bill Townsend. Ilustraciones: Jeff Albrecht.

 Publicado con licencia eclesiástica.

LIBROS LIGUORI

Impreso en los Estados Unidos de América.

21 20 19 18 17 / 5 4 3 2 1. Tercera edición.

A continuación aparecen las respuestas que sugerimos.

Mateo 3:13–17
El bautismo de Jesús

1. Jesús es bautizado por Juan el Bautista, y aparecen Dios Padre y el Espíritu de Dios.
2. Juan el Bautista se siente indigno de bautizar a Jesús. Dios Padre y el Espíritu de Dios manifiestan su complacencia con Jesús.
3. Jesús confiere a Juan autoridad para que lo bautice y Dios hace descender su Espíritu sobre Jesús.
4. Los participantes darán diversas respuestas.

Mateo 9:18–26
La hija del magistrado

1. Jesús anda sanando al pueblo. Si bien los cura físicamente, les dice que es realmente la fe en él la que los ha salvado.
2. Asustados, pero con plena confianza en el poder de Jesús.
3. Jesús cura a la mujer que tocó su manto y levantó a la hija del funcionario de entre los muertos.
4. Los participantes darán diversas respuestas.

Marcos 4:35–41
Jesús calma la tempestad

1. Los hombres a bordo de la barca están asustados porque la tormenta es muy fuerte. Despiertan a Jesús y él calma la tempestad.
2. Se han dejado vencer por el pánico. Creen que no sobrevivirán a la tormenta.
3. Jesús permanece tranquilo y, con su poder, calma la tormenta.
4. Los participantes darán respuestas diversas.

Marcos 6:45–52
Jesús camina sobre la mar

1. Jesús regresa caminando sobre el agua a la barca en que se encuentra sus discípulos.
2. Están estupefactos pero los corazones de algunos se han endurecido (v.52).
3. Jesús les dice a sus discípulos que tengan valor.
4. Los participantes darán respuestas diversas.

Juan 2:1–11
La boda de Caná

1. María le pide a Jesús que consiga más vino para la celebración de la boda.
2. No todos conocen la procedencia del vino, pero todos están de acuerdo en que es el mejor.
3. Jesús escucha a su madre y realiza un milagro transformando el agua en vino.
4. Los participantes darán respuestas diversas.

Oración final

Lee Hebreos 4:12 en voz alta y explica después al grupo que la lectura de la Escritura puede ser también un tipo de oración. Concluye con esta plegaria:

Dios, que tus palabras se queden conmigo,
en mi mente,
en mis labios
y en mi corazón.

Que tus palabras de amor nunca me dejen.

De ti procede toda la alegría y
no hay tristeza que tu voz no calme.

Amén.

Tarea

Pide a los niños que esta semana lean en voz alta a su familia su historia bíblica preferida. Pueden tomarla de un libro infantil con narraciones bíblicas o de la Biblia de la familia.

P6: Donde encontramos a Dios

Catecismo: 27–100

Objetivos

- Definir la revelación como el modo en que Dios nos instruye acerca de sí mismo y de la salvación.
- Descubrir que es propio de la naturaleza humana el aprender sobre Dios.
- Enumerar algunas de las muchas maneras en que Dios se nos manifiesta.

Meditación del maestro

Juan 16:13–15

Ora por estar cada vez más abierto a todo lo revelado por Dios y al plan que él tiene para tu vida.

Preparación del maestro

- Lee la lección, este plan de clase, el pasaje de la Escritura y las secciones del *Catecismo*. Prepárate para contestar preguntas acerca de la autoridad de la Iglesia en relación con la sagrada tradición.
- Lupa (si es que pueden salir a exteriores) o una serie de diapositivas en las que se observen formas de vida que podemos encontrar en la naturaleza.
- Dispón de materiales para que los niños puedan dibujar y pintar durante la actividad final.
- Familiarízate con el vocabulario de esta sección: revelación divina. Las definiciones las hallarás en el glosario de esta guía.

Bienvenida

Saluda a los niños según vayan llegando. Comprueba si dispones de los materiales y artículos diversos que pudieras necesitar. Pide que hagan cualquier pregunta o comentario que tengan acerca de la sesión anterior y/o compartan con el grupo cualquier nueva información o conclusión en su poder. Comienza rápidamente.

Lectura inicial

Juan 16:13–15

Enciende la vela y lee en voz alta. Cuando termines de leer, pregunta a los niños qué nos dice Jesús en este pasaje.

El Espíritu de la verdad nos guiará hasta esta. El Espíritu glorifica a Jesús. Jesús tiene todo lo que posee el Padre (porque ellos son dos Personas en un mismo Dios). Por medio de Jesús, Dios nos da todo lo que es suyo.

Todo el Pueblo de Dios no cesa de acoger el don de la Revelación divina, de penetrarla más profundamente y de vivirla de modo más pleno.

CIC 99

P6 PREGUNTAS

Donde encontramos a Dios

Tomás sabía que Terrence estaba por ahí, en alguna parte, cerquita de él. Miró alrededor suyo, muy cuidadosamente. No podía ver a Terrence ni tampoco podía oírlo, pero Tomás sabía que tenía que andar cerca, en algún lugar.

Entonces los vio. ¡Los zapatos de color rojo y azul brillante de Terrence! Ellos le revelaron dónde se escondía Terrence. "¡Te encontré!" gritó Tomás.

NIÑOS

CIC 27–100

P6

Donde encontramos a Dios

Si les es posible salir al exterior, dale a cada niño una lupa y salgan fuera. Los niños deberán llevar también consigo sus cuadernos o diarios de oración. Deja que los niños pasen un rato fuera mirando bien de cerca la naturaleza y oriéntales que escojan tres cosas de las cuales escribirán o dibujarán en su diario.

Una vez reunido el grupo, pide que cada niño comente con el resto una de esas cosas y háblales tú de cómo podemos ver a Dios revelado en ella.

Por ejemplo, podemos ver la obra de Dios en las mariquitas o catarinas porque cada especie tiene un número diferente de manchitas. Estas manchitas son un ejemplo de cómo Dios ha querido que sus criaturas sean únicas y su existencia tenga un propósito (las manchitas y el color brillante de la mariquita o catarina la protegen de los predadores).

Si les resulta imposible salir fuera, puedes desarrollar esta actividad usando una serie de diapositivas o haciendo que los niños recorran el salón en busca de cosas que nos revelen a Dios.

Por ejemplo, si en el salón hay una biblioteca, les puedes señalar que conocemos a Dios en los libros sobre la vida de los santos e incluso en los libros de ficción que nos muestran cómo debemos mantenernos firmes a favor del bien o cómo luchar con valor contra el mal.

Podemos encontrar a Dios

Cuando estén analizando la conciencia, pregúntales a los niños si alguna vez han escuchado contar de (o visto en un dibujo animado a) una persona que está tratando de tomar una decisión y tiene un angelito posado en un hombro y un diablo en el otro. Aunque no es literal eso de tener un angelito y un demonio diciéndonos qué tenemos que hacer, nuestra conciencia funciona de modo parecido a eso. En lo profundo de nuestro corazón sabemos qué está bien (el ángel) pero a veces el pecado (el diablo) trata de apartarnos del bien.

Analicen entre todos la primera pregunta a discutir –por qué debemos escuchar nuestra conciencia. Haz en la pizarra una lista con las razones expuestas o diles a los niños que vayan tomando notas.

Concédeles un tiempo para que reflexione cada uno por sí mismo acerca de las otras dos preguntas de discusión. Diles que marquen esa página para que puedan regresar a ella después. (Esas preguntas y las respuestas de los niños serán un buen punto de partida para un examen de conciencia cuando los niños se preparen para recibir el sacramento de la reconciliación.)

Podemos encontrar a Dios

Aunque no podemos ver a Dios en persona, él se nos muestra. Cuando Dios se manifiesta, se dice que estamos en presencia de una **revelación divina**. San Pablo nos dice que Dios "quiere que todos los hombres se salven y lleguen al conocimiento pleno de la verdad" (1 Tim. 2:4). Eso significa que Dios quiere que le conozcamos y oigamos su Palabra. El Catecismo dice que "deseo de Dios está inscrito en el corazón del hombre" (27).

¡Esto significa que Dios nos creó para que queramos encontrar a Dios! Dios nos dio este deseo para que quisiéramos encontrarle en el mundo. Nuestro deseo de Dios nos ayuda cuando emprendemos su búsqueda porque nos encamina por la dirección correcta. Es algo así como:

- una persona encendiera una linterna en la oscuridad para que viéramos por dónde debemos ir;
- una flor que crece de frente al sol;
- un barco que, en una tormenta, se dirige hacia el faro.

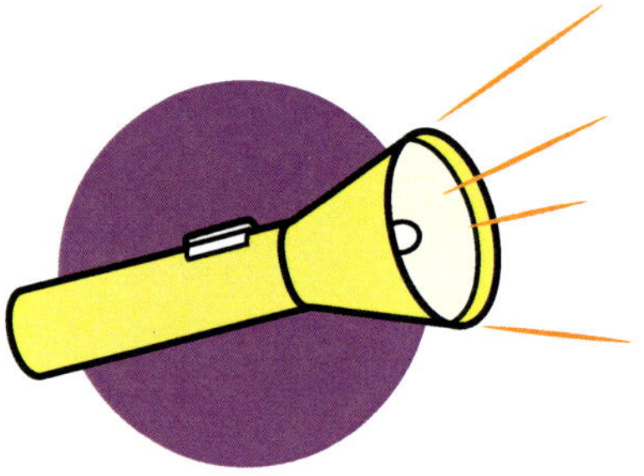

ACTIVIDAD

¿DÓNDE SE OCULTA DIOS?

Juguemos a los detectives. Veamos dónde se pueden encontrar pistas de acerca de dónde está Dios oculto en su creación.

Pasen algún tiempo al aire libre —su maestro puede acompañarlos— y colecten evidencias sobre dónde se está ocultando Dios. ¿Se está ocultando en una flor? ¿en un insecto? ¿en un árbol?

Si no pueden salir fuera, busquen pistas de dónde se está ocultando Dios dentro del aula. ¿Está escondido en un libro? ¿en un cuadro? ¿en el maestro? Anota o dibuja todas las cosas en las que tú piensas que Dios pudiera estar ocultándose.

Dios también nos dio una voz interior —a la que llamamos conciencia— para que pudiéramos distinguir el bien del mal y escoger entonces lo bueno. Nosotros utilizamos nuestra conciencia cuando:

- deseamos ser bondadosos y hacer lo correcto.
- sabemos qué hacer (o no hacer) sin que nos lo digan.
- vemos bondad en lo creado por Dios (¡personas y cosas!).
- confiamos en los demás.

¿Por qué debemos escuchar nuestra conciencia?

¿Alguna vez no has hecho caso de tu conciencia y has hecho algo que sabías que era incorrecto?

¿Eso te hizo sentir bien o mal? ¿Por qué?

Conocer a Dios

Vamos conociendo a Dios poco a poco. En estos momentos, la imagen que tenemos de Dios es como un rompecabezas; en él los espacios vacíos son piezas que todavía no hemos encontrado. No siempre es fácil saber dónde encaja una pieza en un rompecabezas sin ver toda la figura primero. Es por eso que Dios nos ayuda mostrándosenos.

Dios se nos manifiesta de tres modos principales:

1. **La Sagrada Escritura:** Las palabras de la Biblia fueron inspiradas por Dios. El Espíritu Santo ayudó a los autores a escribirla. Cuando leemos la Biblia, entendemos mejor a Dios.
2. **La Sagrada Tradición:** Inspirados por el Espíritu Santo, los apóstoles compartieron sus prácticas y doctrinas especiales con los miembros de la Iglesia de los inicios. Esas tradiciones ayudaron a que se comprendieran mejor las palabras y acciones de Jesús y a que las personas vivieran como él. Todavía hoy, nosotros seguimos esas tradiciones en la Iglesia. Cuando seguimos la Sagrada Tradición, aprendemos más sobre Jesús.
3. **El Magisterio:** Esta es la "voz maestra" de la Iglesia Católica. El papa y los obispos componen el magisterio y tienen un trabajo especial, el de instruir al pueblo de Dios valiéndose para ello de la autoridad que les fuera dada por Jesús. El trabajo del magisterio es explicar lo difícil en una forma que resulte comprensible para que podamos entender mejor a Dios.

Conocer a Dios

Al analizar las tres maneras fundamentales con las que Dios se nos revela, da un ejemplo (o pide a los niños que den un ejemplo) de cómo podemos de esa forma conocer a Dios y un ejemplo de cómo podemos llegar a conocer a alguien de manera similar. Esto ayudará a los niños a asimilar que conocer más sobre Dios es cuestión de establecer una relación con él y no solo de adquirir conocimientos.

Sagrada Escritura: El Nuevo Testamento nos instruye en la vida de Jesús y las cosas que hizo durante su estancia en la tierra. Por medio de esas reseñas aprendemos acerca de Jesús y de cómo era él para poder entonces nosotros llegar a parecérnosle. Esto se parece a lo que sucede con la lectura de historias acerca de la vida de los santos o hasta con las cartas de nuestros familiares.

Sagrada tradición: Durante su vida en la tierra, Jesús entregó a la Iglesia algunas prácticas específicas (como los sacramentos y la misa) que todavía hoy realizamos. Esto nos conecta con nuestra familia eclesial porque todos compartimos estas tradiciones y las hemos compartido por generaciones. Ellas son similares a las tradiciones que tenemos en nuestras familias, como las de preparar determinados platos para determinadas fiestas, poner ciertos adornos o jugar determinado juego. Incluso si no estamos todo el tiempo con todos los miembros de nuestra familia, esas tradiciones nos mantienen conectados.

El magisterio: La religión puede ser complicada y no siempre nos resultará fácil comprender. Es por eso que contamos con maestros muy especiales que nos explican las cosas difíciles en forma tal que nos resulta más fácil comenzar a comprenderlas. Es como aprender cualquier asignatura difícil. Tenemos que apoyarnos en nuestros maestros para que nos ayuden a comprender y no siempre podemos aprenderlo todo de una vez. Es como cuando se trata de problemas matemáticos complejos, hay que empezar por saber contar, después hay que aprender a sumar y a restar y así seguir hasta poder llegar a comprender lo difícil.

Actividad final

Vuelvan a leer los versículos del salmo 139 y haz hincapié en que Dios no es una figura gigantesca que acecha todo lo que hacemos sino ese gran amigo que está siempre junto a nosotros. El ir aprendiendo sobre Dios es como ir haciendo un nuevo amigo –y cuando hacemos nuevos amigos, nos gusta hacer cosas en su compañía.

Según van dibujando los niños, anímales a escoger una actividad que le cuente a Dios algo sobre ellos y después ínstalos a que tengan presente a Dios la próxima vez que realicen esa actividad.

ESTAR CERCA DE DIOS

Dios te ama a ti personalmente y te trajo a la vida. ¿Cuán cerca de ti está aunque tú no lo sepas? Estos versículos del salmo 139 nos dan una idea:

- "[Tú] sabes cuándo me siento y cuándo me levanto" (2)
- "No está aún en mi lengua la palabra, y ya tú, Yahveh, la conoces entera" (4)
- "Me aprietas por detrás y por delante" (5)
- "Me has tejido en el vientre de mi madre" (13)
- "Mis huesos no se te ocultaban" (15)
- "En tu libro están inscritos todos los días que han sido señalados" (16)

¡Dios está con nosotros todo el tiempo! ¡En todo lo que hacemos! ¿Qué es lo que más te gusta hacer? Haz un dibujo en el que Dios y tú aparezcan como amigos que comparten una misma actividad.

Resumen

- La Revelación nos instruye acerca de Dios y la salvación.
- Es propia de la naturaleza humana la disposición a conocer a Dios.
- Dios se nos manifiesta de muchas maneras.

Jornada de Fe para Niños, Preguntas, P6 (827037)

Imprimi Potest: Stephen T. Rehrauer, CSsR, Provincial de la Provincia de Denver.

Imprimatur: "Conforme al *CIC* 827, el 13 de julio de 2017, el reverendo Mark S. Rivituso, obispo auxiliar de la archidiócesis de St. Louis, concedió el permiso de publicación. El Imprimátur es un permiso para la publicación que indica que la obra no contiene contradicciones con las enseñanzas de la Iglesia Católica, sin embargo no implica la aprobación de las opiniones que se expresan en ella. Con este permiso no se asume ninguna responsabilidad".

Jornada de Fe © 2000, 2017 Liguori Publications, Liguori, MO 63057. Para hacer pedidos, visite *Liguori.org* o llame al 800-325-9521. Liguori Publications, corporación no lucrativa, es un apostolado de los Redentoristas. Para saber más acerca de los Redentoristas visite "Redemptorists.com".

Edición del 2017: Theresa Nienaber-Panuski and Pat Fosarelli, MD, DMin.

Diseño y producción: Wendy Barnes, John Krus, Lorena Mitre Jimenez, Bill Townsend. Ilustraciones: Jeff Albrecht.

LIBROS LIGUORI

Textos de la Escritura tomados de la *Biblia de Jerusalén Latinoamericana*, Desclee de Brower, Bilbao, España. Todos los derechos reservados. Los textos del *Catecismo de la Iglesia Católica* y demás textos pontificios fueron tomados con permiso de Libreria Editrice Vaticana; versión en español.

Impreso en los Estados Unidos de América.

21 20 19 18 17 / 5 4 3 2 1. Tercera edición.

Oración final

Lee en voz alta esta oración de San Agustín (*CIC* 30) y pídeles a los niños que escuchen con atención:

Tú eres grande, Señor, y muy digno de alabanza: grande es tu poder, y tu sabiduría no tiene medida. Y el hombre, pequeña parte de tu creación, pretende alabarte, precisamente el hombre que, revestido de su condición mortal, lleva en sí el testimonio de su pecado y el testimonio de que tú resistes a los soberbios. A pesar de todo, el hombre, pequeña parte de tu creación, quiere alabarte. Tú mismo le incitas a ello, haciendo que encuentre sus delicias en tu alabanza, porque nos has hecho para ti y nuestro corazón está inquieto mientras no descansa en ti.

Ver Confesiones, Libro 1, Capítulo 1

Tarea

Cuando los niños comiencen a pensar en su relación con Dios como en una amistad, anímalos a que esta semana le "presenten" su nuevo amigo a su familia. Pueden hacer esto compartiendo con ellos la narración bíblica sobre Jesús de su preferencia, rezando antes de la cena (o de cualquier otra actividad familiar) y pidiéndole a Dios que esté presente.

P7: Tu vida de oración

Catecismo: 2558–65; 2725–45

Objetivos

- Describir la oración como una conversación con Dios.
- Identificar y practicar las formas y estilos básicos de la oración cristiana.
- Percatarse de que hay muchas formas de orar (individualmente o en grupo, con plegarias formales o con pensamientos espontáneos).

Meditación del maestro

Juan 16:23–27 y Mateo 18:19–20

En estos dos pasajes, Jesús nos dice algo muy importante acerca del poder de la oración. ¿Con cuál manera de orar te sientes más a gusto? Al prepararte para estas lecciones, ¿cuánto tiempo le dedicas a la oración?

Preparación del maestro

- Lee la lección, este plan de clase, los pasajes de la Escritura y las secciones del *Catecismo*.
- Trae materiales para que los participantes creen sus propias oraciones. Si no vas a realizar esta actividad, encuentra entonces un espacio que permita a los participantes distribuirse de forma tal que puedan reflexionar sobre los diferentes estilos de oración.

Bienvenida

Saluda a los niños según vayan llegando. Comprueba si dispones de los materiales y artículos diversos que pudieras necesitar. Pide que hagan cualquier pregunta o comentario que tengan acerca de la sesión anterior y/o compartan con el grupo cualquier nueva información o conclusión en su poder. Comienza rápidamente.

Lectura inicial

Juan 16:23–27; Mateo 18:19–20

Enciende la vela y lee en voz alta. Antes de comenzar la discusión de la lección impresa, pregúntales a los niños sobre qué tipos de cosas pudieran orar o si tienen alguna oración favorita.

> "Orad continuamente" (1 Ts 5, 17). Orar es siempre posible. Es incluso una necesidad vital. Oración y vida cristiana son inseparables.
>
> *CIC 2757*

P7 PREGUNTAS

Tu vida de oración

"¿Tú hablas con Dios?" le preguntó Tanya a Tomás cuando salían de la escuela rumbo a casa.

"¿Qué quieres decir?"

"La señora Evans siempre está diciendo que debemos rezar cuando no estemos en clase, pero yo no sé cómo se habla así con Dios".

"A mí me parece que podemos hablarle a Dios como queramos. Yo siempre rezo con mi abuela. A veces simplemente le contamos a Dios cómo pasamos el día. Otras veces decimos juntos las mismas oraciones. Mi abuela dice que lo importante es hacer a Dios parte de la vida de uno".

NIÑOS

CIC 2558–65, 2725–45

P7

Tu vida de oración

Después de leer juntos la historia, pregunta a los chicos si alguna vez se han preocupado pues han pensado que están rezando mal o tienen miedo a rezar. Si son muchos los niños que levantan la mano, haz una lista en la pizarra y habla sobre cada uno de sus miedos. Después de hablar de cada miedo, táchalo de la lista y diles a los niños que ya no tienen que preocuparse por eso antes de orar.

Por ejemplo, si los niños dicen que tienen miedo a rezar porque no están seguros de hacerlo correctamente, escribe "no rezan correctamente" en la pizarra. Diles entonces que, como se verá en la lección de hoy, ninguna forma de rezar es incorrecta siempre que la meta sea conversar con Dios. ¡A tachar ese miedo y eliminarlo de la lista!

Conversar con Dios

Entre todo el grupo elaboren una lista de respuestas a la pregunta "¿Cómo conversas con Dios?". Si tu lista es corta o si todos los chicos dicen lo mismo, amplía la pregunta a "¿Cuáles son algunas de las maneras en que podemos conversar con Dios?" y estimula su creatividad. Puedes incluso aportar algunas ideas tuyas.

Da a los niños tiempo para que contesten solos las dos preguntas de reflexión que aparecen al final de esta sección. Puedes invitar a que algunos de ellos compartan voluntariamente con el grupo sus respuestas, o puedes contarles de una ocasión en que no escuchaste a Dios, o de otra en que le prestaste oídos aunque fue difícil hacerlo.

Orar con palabras

Después de haber concluido con la lista de los tipos de oración, circula por el salón y pídele a cada niño que dé un ejemplo de cuándo podríamos ofrecer una oración de alabanza, de contrición, de acción de gracias o de esperanza. Puedes añadirle un cierto grado de dificultad a la actividad si evitas utilizar dos veces seguidas el mismo tipo de oración.

Concede a los niños tiempo para completar la respuesta a la pregunta de reflexión que aparece al final de esta sección. Si dispones de tiempo, divide a los niños en cuatro grupos y asígnale a cada grupo uno de los elementos de la lista. Haz que cada grupo comparta su lista con el resto del grupo.

Conversar con Dios

Rezar es conversar con Dios. Casi siempre, cuando conversamos con alguien usamos palabras. Pedimos algo. Damos las gracias. Nos contamos secretos. Pero no siempre usamos palabras para contarles cosas a nuestros amigos más cercanos. ¿Alguna vez has mirado a tu mejor amigo o amiga y has sabido lo que estaba pensando? No necesitaste usar palabras para decirle, "¿Qué te parece eso?" o "¿No es verdad que eso estuvo raro?"

Bueno, pues Dios te conoce aún mejor que tu mejor amigo o amiga, así que no siempre necesitas palabras para conversar con Dios. Podemos conversar con Dios cuando estamos en medio de la naturaleza, cuando visitamos un lugar sagrado o cuando nos dirigimos a él que está presente en el Santísimo Sacramento. Podemos conversar con Dios cuando hacemos algo bueno por alguien. Podemos conversar con Dios cuando leemos su palabra en la Biblia o cuando hacemos un dibujo de él.

A veces nos reímos con Dios. A veces lloramos con Dios. A veces conversamos con Dios cuando estamos tan contentos que solo queremos cantar y saltar. Otras veces estamos enojados con Dios y no queremos otra cosa que gritar.

¿Cómo conversas con Dios?

Es importante que no solo le hablemos a Dios. También tenemos que escucharle, igual que cuando nuestro mejor amigo tiene algo que contarnos. Tenemos que escuchar muy atentamente cuando Dios nos habla. Dios habla directamente al corazón, no a los oídos, y no siempre es fácil oír la voz de Dios.

Afortunadamente, Dios sabe que, en ocasiones, nos resulta difícil oírle. Dios sabe que puede que no seamos muy buenos en eso de esperar y escuchar. Dios sabe que podemos distraernos, pero es muy paciente. Aun si la primera vez no nos sale bien eso de escucharle, Dios seguirá hablándonos hasta que estemos listos para sentarnos quietecitos y estar con él.

¿A veces te resulta difícil escuchar?

¿Cómo pudieras ser un buen oyente de Dios?

Orar con palabras

Son muchas las maneras en que puedes orar usando tus palabras. Podemos dividir en cuatro grupos esas oraciones en palabras.

Alabanza: Dios es tan formidable que queremos que todos lo sepan. Una oración de alabanza es una en que decimos "Dios, ¡eres estupendo!" o "Dios, ¡quiero decirle a todos lo grande que eres!"

Contrición: Todos sabemos lo que es haber hecho algo que quisiéramos no haber hecho. O haber hecho algo que no debíamos. Esta es una oración en que decimos "Dios, perdóname".

Gracias: Cuando recibimos un regalo, decimos "gracias" a la persona que nos lo dio. Dios también nos da cosas. Es más, Dios nos da *todo* lo que tenemos. Con esta oración decimos "¡Gracias, Dios mío!"

Esperanza: Todos tenemos esperanzas de que en nuestras vidas o en las de quienes queremos que ocurran ciertas cosas. Con este tipo de oración le pedimos a Dios que nos ayude con esas cosas que esperamos que ocurran. Pudiéramos decir, "Dios, por favor, ayúdame a aprobar este examen" o "Dios, por favor, ayuda a mi amigo enfermo a ponerse mejor".

PREGUNTAS JORNADA DE FE

ACTIVIDAD

Es importante que hablemos con Dios en todas estas formas diferentes. Es fácil pedirle muchas cosas a Dios, pero también tenemos que saber decir "Gracias" y "Perdóname".

¿Qué es lo que hace difícil…

- alabar a Dios?
- pedirle a Dios que te perdone?
- darle gracias a Dios?
- pedirle algo a Dios?

Cuando no conseguimos aquello por lo que rogamos

Jesús dijo, "Pedid y se os dará" (Lucas 11:9). A veces las personas creen que eso significa que Dios les dará exactamente lo que quieren tan pronto como se lo pidan. Eso no siempre sucede. Cuando no consigues aquellos por lo que rezaste, eso no significa que Dios no te estuviera escuchando o que Dios no se interesa por ti.

Tampoco tus padres te dan siempre lo que quieres. Puede que desees comer magdalenas todas las noches, pero eso no sería bueno para tu salud. Probablemente tu papá te dirá que no, pero eso no quiere decir que no te quiera o que no te haya hecho caso alguno.

Dios quiere que tengamos lo que nos conviene más. A veces pensamos que algo es lo mejor para nosotros (como las magdalenas) pero, en realidad, ese algo puede hacernos daño o apartarnos de Dios. A veces pedimos algo sin pensarlo dos veces o lo pedimos porque no queremos esforzarnos para conseguirlo:

- Pides tener un perro, pero no puedes cuidarlo.
- Pides sacar una buena nota en una prueba pero no estudias para ella.
- Pides un nuevo amigo después de una pelea con un amigo tuyo, pero lo que realmente debes hacer es reconciliarte con él.

A veces lo que pedimos en oración es muy serio y no entendemos por qué Dios no nos lo concede. A veces la respuesta que Dios da a nuestros ruegos nos pone muy triste:

- Pides que tu abuelito mejore pero sigue enfermo.
- Pides que tus padres dejen de pelear pero no dejan de hacerlo.
- Pides que tu mamá se quede en casa pero ella siempre tiene que ir al trabajo.

Nosotros no sabemos por qué Dios no responde cada plegaria como quisiéramos que lo hiciera, especialmente cuando parece que lo que pedimos sería bueno para todos. Cuando tenemos fe, confiamos en que Dios sabe cómo es mejor responder a nuestros ruegos –aunque estemos tristes.

P7

Cuando no conseguimos aquello por lo que rogamos

Cuando discutan esta sección, haz hincapié en que Dios *siempre* nos escucha y responde a nuestras oraciones. A veces esa respuesta es simplemente "no" o "todavía no".

Si a los niños todavía les resulta difícil esta sección, prueba a compartir con ellos un ejemplo (apropiado para su edad) extraído de tu propia vida de una ocasión en la que escuchar ese "no" tuvo como resultado algo bueno.

Actividad final

Cuando estés próximo a concluir tu lección, dales tiempo a los niños para que terminen la actividad final "En tus propias palabras". Ten listos los materiales (crayolas, marcadores, cartoncillo, y todo cuanto se te ocurra) para que los niños puedan decorar sus oraciones.

Anímalos a que utilicen lo aprendido hoy en cuanto a usar las palabras que hagan que sus oraciones tengan sentido para ellos. Los niños pueden escribir una oración de alabanza, de arrepentimiento, de gracias, de esperanza o una combinación de ellas.

Cuando los chicos estén inmersos en sus creaciones, circula entre ellos y ofréceles ayuda cuando sea necesario hacerlo. Al circular, pregunta a los chicos qué tipo de oración han seleccionado. Aclara cualquier punto confuso que salga a relucir mientras haces ese recorrido.

EN TUS PROPIAS PALABRAS

En el espacio que está a continuación, escribe o dibuja tu plegaria a Dios.

Resumen

- Rezar es hablar con Dios.
- La oración puede ser personal o puede ser hecha en grupo.
- Se puede rezar de muchas maneras.

Jornada de Fe para Niños, Preguntas, P7 (827037)

Imprimi Potest: Stephen T. Rehrauer, CSsR, Provincial de la Provincia de Denver.

Imprimatur: "Conforme al *CIC* 827, el 13 de julio de 2017, el reverendo Mark S. Rivituso, obispo auxiliar de la archidiócesis de St. Louis, concedió el permiso de publicación. El Imprimátur es un permiso para la publicación que indica que la obra no contiene contradicciones con las enseñanzas de la Iglesia Católica, sin embargo no implica la aprobación de las opiniones que se expresan en ella. Con este permiso no se asume ninguna responsabilidad".

Edición del 2017: Theresa Nienaber-Panuski and Pat Fosarelli, MD, DMin.

Diseño y producción: Wendy Barnes, John Krus, Lorena Mitre Jimenez, Bill Townsend. Ilustraciones: Jeff Albrecht.

LIBROS LIGUORI

Impreso en los Estados Unidos de América.

21 20 19 18 17 / 5 4 3 2 1. Tercera edición.

Oración final

Reza espontáneamente usando uno de los cuatro tipos de oración analizados en esta lección. Puede ser que quieras pronunciar una oración de esperanza para que los niños continúen avanzando en su jornada hacia la Iglesia, o una oración de gracias por todo lo aprendido hoy.

Tarea

Diles a los niños que lo aprendido hoy lo compartan en casa dirigiendo una oración de bendición de los alimentos, y diles que pueden hacerlo una (¡o varias veces!) antes del próximo encuentro del grupo.

P8: Oraciones católicas

Catecismo: 524; 971; 1168–1173; 2759–72

Objetivos

- Admitir que las oraciones personales y tradicionales nos ponen en contacto con Dios de diferente manera.
- Reconocer que los misterios del rosario reflejan los misterios de Cristo.
- Descubrir algunas de las muchas oraciones católicas tradicionales y probarlas.

Meditación del maestro

Hechos 2:42–47

Muchas personas abandonan la Iglesia y regresan a ella posteriormente porque extrañan la tradición y los rituales que unen a todo los católicos con la Iglesia de tiempos remotos. En caso de que no pudieses asistir a la Iglesia, ¿cuáles tradiciones extrañarías más? ¿Cuáles son las tradiciones que te unen más estrechamente a Dios? ¿Cuáles son las que te ponen en contacto más íntimo con Jesús y sus enseñanzas? Medita en qué significa para ti ser católico.

Preparación del maestro

- Lee la lección, este plan de clase, el pasaje de la Escritura y las secciones del *Catecismo*.
- Valora la posibilidad de pedir a tu parroquia que done para los niños de tu clase rosarios u otro apoyo a la oración. Entrégalos en un momento apropiado de la lección (la entrega en el momento de la llegada a clase puede hacer que los chicos se distraigan y no se concentren en la lección).
- Si en tu parroquia las palabras en las que se expresan las oraciones no coinciden exactamente con las que aparecen en las lecciones impresas que reciben los niños, entrégales también una hojita con dichas versiones.
- Si hay otros sacramentales que tienen un significado especial para ti, tráelos al salón para mostrárselos al grupo y anima a los espónsores a que hagan lo mismo *(algunos ejemplos pueden ser las tarjetas con oraciones impresas, los breviarios, el rosario, la custodia, el agua bendita, un icono, una estatua o un escapulario).*
- Familiarízate con el vocabulario de la lección: bendita, ofensas, vientre, rosario. Las definiciones se encuentran en el glosario de esta guía.

Bienvenida

Saluda a los niños según vayan llegando. Comprueba si dispones de los materiales y artículos diversos que pudieras necesitar. Pide que hagan cualquier pregunta o comentario que tengan acerca de la sesión anterior y/o compartan con el grupo cualquier nueva información o conclusión en su poder. Comienza rápidamente.

Lectura inicial

Hechos 2:42–47

Enciende la vela y lee en voz alta. Al comenzar tu clase, pide a los niños que tengan presente cómo la Iglesia de los primeros tiempos usaba oraciones especiales y oraciones en grupo para que sus miembros se mantuvieran unidos entre sí y con Jesús.

> La tradición de la oración cristiana es una de las formas de crecimiento de la Tradición de la fe, en particular mediante la contemplación y la reflexión de los creyentes….
>
> *CIC* 2651; see Dogmatic Constitution on Divine Revelation *(Dei Verbum)*, 8

Oraciones católicas

Después de terminar su última sesión con una oración, la señora Evans los invitó a todos a venir a la siguiente listos para contarnos cuál es su manera favorita de orar. Tomás estaba entusiasmado. Todas las semanas, cuando iba a visitarla, él y su abuela compartían una oración especial. Estaba loco por contarlo al grupo.

"Mi oración favorita es el rosario", anunció Tomás. "Lo forman muchas oraciones diferentes, como el Padrenuestro. El Padrenuestro es la oración de Jesús y está en la Biblia. También se reza el Avemaría".

"Nunca había oído hablar de esas oraciones", dijo Tanya. "¿Quieres enseñármelas?"

"¡Claro que sí!" Tomás estaba feliz de poder compartir su oración favorita.

NIÑOS

CIC 524, 971, 1168–73, 2759–72

Oraciones católicas

Después de leer la historia, pide voluntarios dispuestos a compartir con el grupo sus respuestas a la pregunta de reflexión "¿Cómo rezan tú y tu familia?"

La señal de la cruz

Muéstrales a los niños cómo se hace la señal de la cruz y deja entonces que la practiquen por sí mismos. Puedes también aprovechar la ocasión para que hagan una práctica adicional (con la que además descargarán algo de su exceso de energía) consistente en hacer una genuflexión al mismo tiempo que hacen la señal de la cruz, lo cual harán cuando entren a la iglesia. También puedes preguntarles hacia dónde deben mirar al hacer la genuflexión en la iglesia. (Deberán mirar hacia el tabernáculo o sagrario, lugar en el que está presente Jesús, y no necesariamente hacia el frente, donde se halla el altar.)

El Padrenuestro

Comienza leyendo el Padrenuestro en Mateo 6:9–13 y discute con los niños el significado de la oración.

Si en tu parroquia se utiliza regularmente una fórmula alternativa (como "perdónanos nuestros pecados" o "perdónanos nuestras deudas" en lugar de "perdona nuestras ofensas"), practica también con los niños esa versión. Si tienes preparada una hoja con las oraciones, entrégala a los niños para que puedan seguirlas.

A los católicos les encanta rezar juntos. Nos integra en una comunidad. Es por eso que los católicos tienen tantas oraciones formales. Cuando rezamos en grupo, ¡es como si estuviéramos conversando con Dios y con el resto de nuestros amigos!

¿Cómo rezan tú y tu familia?

La señal de la cruz

La señal de la cruz rinde honor a la Santísima Trinidad. La hacemos muchas veces, como cuando estamos en misa y cada cual se bendice a sí mismo con agua bendita. Decimos: *En el nombre del Padre, del Hijo y del Espíritu Santo* mientras nos vamos tocando la frente, el pecho y los hombros. Después decimos: *Amén* y juntamos las manos. Observa cómo lo hace tu maestro o maestra y después prueba a hacerlo tú mismo.

En el nombre del Padre

del Hijo,

y del Espíritu....

...Santo

El Padrenuestro

Con esta oración se honra a Dios Padre. Jesús enseñó a sus amigos esta oración cuando ellos le preguntaron cómo debían rezar (Mateo 6:9-14); Lucas 11:1-4). Podemos rezarla estando solos, con nuestra familia y en misa. ¡Otros cristianos también la rezan!

Padre nuestro, que estás en el cielo, santificado sea tu nombre; venga a nosotros tu reino; hágase tu voluntad así en la tierra como en el cielo. Danos hoy nuestro pan de cada día y perdónanos nuestras ofensas como también nosotros perdonamos a los que nos ofenden. No nos dejes caer en la tentación y líbranos del mal. Amén (Mateo 6:9–13).

Esta oración dice que Dios es el padre y monarca de todos nosotros y que vive en el cielo. Decimos que su nombre debe ser **santificado** porque hay que usarlo con reverencia. Queremos que el reino de Dios venga a nosotros en la tierra porque su reino está lleno de paz y gozo. Le pedimos a Dios el alimento y las otras cosas que necesitamos. **Ofensas** es otra forma de decir "malo" o "pecado". Le pedimos a Dios que perdone nuestros pecados y le prometemos perdonar a quienes nos hacen mal. Por último, pedimos a Dios que nos impida caer en el mal y nos ayude a escoger el bien sobre el mal.

Avemaría

Dios te salve, María, llena eres de gracia, el Señor es contigo; bendita tú eres entre todas las mujeres, y bendito es el futuro de tu vientre, Jesús. Santa María, Madre de Dios, ruega por nosotros los pecadores, ahora y en la hora de nuestra muerte. Amén.

Con esta oración se honra a la madre de Jesús, a María. "Ave María, llena eres de gracia" son las palabras que el ángel Gabriel utilizó cuando le dijo a María que traería al mundo a Jesús. Esta oración dice, "Hola, María. ¡Tú estás llena del Espíritu de amor! Tú eres la más grande de todas las mujeres".

El **vientre** es donde crece el niño o la niña antes de nacer, así que el "fruto" de un vientre es un bebé. Por María fue que tuvimos entre nosotros a Jesús. Dios Padre hizo a María santa y sin pecado para que pudiera convertirse en la Madre de Dios.

También rezamos y honramos a María mediante el **rosario**, una oración especial que rezamos utilizando cuentas. El rosario incluye muchas Avemarías y otras oraciones.

El Gloria

*Gloria al Padre, al Hijo y al Espíritu Santo,
como era en el principio, ahora y siempre,
por los siglos de los siglos. Amén.*

Esta oración honra a la Trinidad. Como signo de respeto a Dios, muchas personas inclinan el pecho cuando la dicen.

Practica decir el Gloria mientras te inclinas.

El Acto de Contrición

*Dios mío,
me arrepiento de todo corazón
de todo lo malo que he hecho
y de todo lo bueno que he dejado de hacer,
porque pecando te he ofendido a ti,
que eres el sumo bien
y digno de ser amado sobre todas las cosas.
Propongo firmemente, con tu gracia,
cumplir la penitencia,
no volver a pecar y evitar las ocasiones
de pecado.
Perdóname, Señor,
por los méritos de la pasión de nuestro
Salvador Jesucristo. Amén.*

Con esta oración especial decimos a Dios que le pedimos perdón por las cosas malas que hemos hecho. Nuestros pecados nos alejan de Dios. Cuando pedimos perdón a Dios, nos acercamos más a él. Pasa lo mismo que cuando no nos portamos bien con un amigo: con nuestra acción dañamos nuestra amistad pero la recuperamos si le pedimos perdón. Nosotros nunca queremos lastimar a Dios ni a ninguna de las personas a las que queremos, y es por eso que manifestamos nuestra intención de pedir perdón, tratar de arreglar todos los problemas causados por nuestros pecados, y tratar en el futuro mejor a Dios y a las otras personas. Lo prometemos.

Avemaría

Si tienes rosarios para entregar a los niños, esta es una buena oportunidad para dárselos. Pueden practicar el Avemaría con las tres primeras cuentas. Tú puedes decir la primera tú solo, los niños pueden repetir tras de ti la segunda, y le tercera la pueden decir todos juntos.

También puedes mostrarles a los niños cuáles cuentas del rosario usarán para rezar el Padrenuestro, el Gloria y la señal de la cruz.

Haz hincapié en que cada decena del rosario se centra en una parte diferente de la vida de Jesús. Si dispones de tiempo, haz para el grupo la lista de todos los misterios del rosario.

Actividad final

Cuando esté próximo el final de la lección, concede a los niños tiempo para que completen la actividad de llenar los espacios en blanco. Para enriquecer esta actividad, pide a los niños que, en silencio, recen la oración después de haberlos llenado todos.

COMPLETAS LAS ORACIONES

Llena los espacios en blanco con las palabras que aparecen a continuación. Algunas palabras se utilizarán más de una vez.

ahora	**Cielo**	**Padre**	**tierra**	**pan**
principio	**llena**	**Dios**	**perdonamos**	**Espíritu Santo**
Jesús	**bendita**	**tentación**	**reino**	**mal**
pecadores	**Hijo**	**ofensas**		

Padre nuestro, que estás en el ______________,
santificado sea tu nombre; venga a nosotros
tu ______________; hágase tu voluntad
así en la ______________ como en el
______________. Danos hoy nuestro
______________ de cada día, y perdónanos
nuestras ______________, como nosotros
______________ a los que nos ofenden;
no nos dejes caer en la ______________,
y líbranos del ______________.
Amén.

Dios te salve, María, ______________ eres de
gracia, el Señor es contigo. __________ tú eres
entre todas las mujeres, y bendito es el fruto de tu
vientre, ______________. Santa María, Madre
de ______________, ruega por nosotros los
______________ ______________ y en
a la hora de nuestra muerte. Amén.

Gloria el ______________,
al ______________,
y al ______________, como era en
______________, ahora, y siempre,
por los siglos de los siglos. Amén.

Resumen

- Las oraciones personales y las oraciones tradicionales son formas diferentes de ponernos en contacto con Dios.
- Los misterios del rosario reflejan el misterio de Cristo.
- Son muchas las oraciones católicas tradicionales que ensayar.

Jornada de Fe para Niños, Preguntas, P8 (827037)
Imprimi Potest: Stephen T. Rehrauer, CSsR, Provincial de la Provincia de Denver.
Imprimatur: "Conforme al *CIC* 827, el 13 de julio de 2017, el reverendo Mark S. Rivituso, obispo auxiliar de la archidiócesis de St. Louis, concedió el permiso de publicación. El Imprimátur es un permiso para la publicación que indica que la obra no contiene contradicciones con las enseñanzas de la Iglesia Católica, sin embargo no implica la aprobación de las opiniones que se expresan en ella. Con este permiso no se asume ninguna responsabilidad".

Edición del 2017: Theresa Nienaber-Panuski and Pat Fosarelli, MD, DMin.
Diseño y producción: Wendy Barnes, John Krus, Lorena Mitre Jimenez, Bill Townsend. Ilustraciones: Jeff Albrecht.

LIBROS LIGUORI
Impreso en los Estados Unidos de América.
21 20 19 18 17 / 5 4 3 2 1. Tercera edición.

Oración final

Pide a los niños que formulen las intenciones especiales que quieran presentar. Concluye entonces con una oración de las incluidas en la lección. Lleva a votación cuál de esas lecciones fue la favorita del grupo y recen esa. Si disponen de algún tiempo extra, recen todas las oraciones de hoy o una decena del rosario.

Tarea

Pide a los niños que compartan con su familia su oración favorita de hoy. Si su familia ya conoce estas oraciones, plantéales el reto de dirigir (o codirigir) el rosario completo con su familia.

P9: La misa

Catechism: 1341–1419

Objetivos

- Distinguir las dos partes de la misa.
- Identificar por su función e importancia las principales acciones y sucesos que tienen lugar durante la misa.
- Comenzar a aceptar la Presencia Real en la Eucaristía.

Meditación del maestro

Lucas 22:14–20

Reflexiona en el significado que la misa tiene para ti. Haz un esfuerzo renovado para mantenerte centrado y conectado durante la próxima misa dominical. Cuando recibas el Cuerpo y la Sangre de nuestro Señor, trata de hacerlo con la firme convicción de que estás recibiendo la Real Presencia de Jesucristo.

Preparación del maestro

- Lee la lección, este plan de clase, el pasaje de la Escritura y las secciones del *Catecismo*.
- Familiarízate con el vocabulario de esta lección: procesión, *Gloria*, liturgia de la Palabra, *Leccionario*, salmo responsorial, *Aleluya*, Evangelio, homilía, oración universal, peticiones, liturgia de la Eucaristía, ofertorio, Plegaria Eucarística, "Santo, Santo, Santo". Las definiciones se hallan en el glosario de esta guía. Otras informaciones y detalles adicionales los hallarás en *el Misal Romano*.
- De ser posible, haz una copia de las peticiones que se formularán en la misa dominical de la próxima semana para utilizarlas como oración final, o crea con el grupo una lista de peticiones como parte de la sesión de hoy.
- Recopila medios relacionados con la misa y con las lecturas de las misas: un ejemplar *del Misal Romano*, el *Leccionario*, etc.

Bienvenida

Saluda a los niños según vayan llegando. Comprueba si dispones de los materiales y artículos diversos que pudieras necesitar. Pide que hagan cualquier pregunta o comentario que tengan acerca de la sesión anterior y/o compartan con el grupo cualquier nueva información o conclusión en su poder. Comienza rápidamente.

Lectura inicial

Lucas 22:14–20

Enciende la vela y lee en voz alta. Sugiéreles a los niños que imaginen que están sentados a la mesa con Jesús y que están escuchando estas palabras suyas. Pídeles que se imaginen a Jesús compartiendo, él personalmente, el pan y el vino con ellos. Antes de comenzar la discusión de la lección impresa, pregunta a los niños si esta lectura les hizo recordar algo.

Si nadie dice que la misa o la Eucaristía, puede que tengas que darles algunas pistas como "es una comida que los católicos comparten entre sí todos los domingos".

> Era sobre todo "el primer día de la semana", es decir, el domingo, el día de la resurrección de Jesús, cuando los cristianos se reunían para "partir el pan"...hoy la encontramos [la celebración de la Eucaristía] por todas partes en la Iglesia, con la misma estructura fundamental. Sigue siendo el centro de la vida de la Iglesia.
>
> *CIC* 1343

P9 PREGUNTAS

La misa

La señora Evans llevó a Terrence, Tomás, Lisa y Tanya al primer banco de la iglesia. Hoy iban a participan juntos en su primera misa.

Tanya miró de un lado al otro nerviosamente. "Yo nunca he estado en misa", le dijo bajito a Lisa. "¿Y si hago algo mal? ¿Cómo sé cuándo tengo que hacer algo?"

NIÑOS

CIC 1341–1419

La Misa

Lee la historia o encarga de ello a un voluntario. Después formula a la clase la primera pregunta de reflexión. Para conseguir que las respuestas sean sinceras, pide a todos que bajen la cabeza y levanten la mano si es que quieren responder "sí" a esa pregunta.

Respondan entre todos la segunda pregunta. Haz en la pizarra una lista de todas las cosas en las que piensan los niños.

Reunirse

Dales tiempo a los niños para que respondan la pregunta de reflexión en sus cuadernos o diarios de oración. Solicita voluntarios dispuestos a compartir sus respuestas con el grupo.

Escuchar la palabra de Dios

Mientras conversas con el grupo acerca de esta sección, pregúntales si hay alguna historia de la Biblia que sea su favorita y les guste escuchar en misa, o si recuerdan en particular alguna homilía que les gustó mucho.

Dales a los niños tiempo para responder las preguntas de reflexión y solicita voluntarios dispuestos a compartir sus respuestas con el grupo.

JORNADA DE FE **PREGUNTAS**

¿Alguna vez te pones nervioso en misa?

¿Qué le dirías a Tanya para que no estuviera tan asustada?

Reunirse

Nos reunimos en la iglesia para recordar a Jesús en la misa –"Haced esto en recuerdo mío" (Lucas 22:19)– y porque Jesús dijo, "Donde están dos o tres reunidos en mi nombre, allí estoy yo en medio de ellos" (Mateo 18:20).

La misa comienza con un canto de entrada. Cantamos juntos cuando el sacerdote y los ministros entran en **procesión**. El sacerdote da inicio a la celebración de la misa haciendo la señal de la cruz. Con esto se muestra que todos pertenecemos a la familia de Dios. Él nos pide que recordemos nuestros pecados. Nosotros le pedimos que nos perdone.

A continuación cantamos o decimos el **Gloria**, unx antiguo himno cristiano de alabanza. Decimos "Gloria a Dios en las alturas", tal como cantaron los ángeles en la Navidad. Entonces el sacerdote dice otra breve oración.

¿Hay algo por lo que desees alabar a Dios?

Escuchar la Palabra de Dios

Ahora nos sentamos y escuchamos una lectura de la Biblia, la Palabra de Dios. Esta parte de la misa se llama la **liturgia de la Palabra**. El libro de las lecturas de las misas se llama un **leccionario**. Escuchamos tres lecturas durante la misa dominical y dos durante las misas de los demás días.

En la primera lectura, escuchamos historias del amor y la misericordia de Dios recogidas en el Antiguo Testamento. Entonces cantamos el **salmo responsorial**. Los salmos son oraciones-poemas que el pueblo judío canta a Dios.

La segunda lectura nos cuenta cómo la Iglesia de los primeros tiempos vivía y oraba. Después de esa lectura, nos ponemos de pie y cantamos el "Aleluya" antes de la lectura final, el Evangelio. **Aleluya** significa "¡Alaben a Dios!" y Evangelio significa "buena noticia". Así que alabamos a Dios por la buena noticia que nos trae durante esta lectura.

Después del Evangelio, el sacerdote explica las lecturas en su homilía. La **homilía** nos enseña el significado de la Palabra de Dios y cómo sigue siendo válida para nuestras vidas en la actualidad.

¿Cómo usas las palabras para alabar a Dios?

¿Cómo puedes alabar a Dios escuchando?

Compartir y rezar

A nuestra familia le contamos cosas acerca de nuestras vidas. También le pedimos ayuda cuando estamos en un problema del que no sabemos cómo salir o nos sentimos mal. Nuestra comunidad eclesial es como una gran familia extendida. De igual manera, en la **Oración Universal** nuestra familia eclesial comparte también sus preocupaciones y problemas. Rezamos juntos por nuestras necesidades y por las necesidades de otras personas. Pedimos a Dios que nos ayude y nos sane. Escuchamos solicitudes a las que llamamos **peticiones**, y las acogemos en nuestros corazones.

¿Por cuál persona o cosa quieres rezar hoy?

A continuación, nos preparamos para la **liturgia de la Eucaristía**. "Eucaristía" significa "acción de gracias" y es otro nombre que se le da la a la sagrada comunión. Igual que nuestra familia se reúne para compartir la comida, nosotros nos reunimos con nuestra familia de la Iglesia para compartir la comida en la misa.

Antes de la comida, llevamos regalos a Dios. Esta parte de la misa se llama **Ofertorio** porque le ofrecemos cosas a Dios. El dinero que depositamos en el cesto ayuda a la Iglesia y a los necesitados. El pan y el vino que se llevan al altar se convierten en el cuerpo y la sangre de Jesús.

Después de recibir el pan y el vino, el sacerdote pide a Dios en la **Plegaria Eucarística** que acepte y bendiga estos regalos. Nosotros alabamos nuevamente a Dios con el **"Santo, Santo, Santo"**: *"Santo, santo, santo, santo es el Señor.* ¡Llenos están el cielo y la tierra con tu gloria! *Hosanna en el cielo. Bendito el que viene en el nombre del Señor. Hosanna en el cielo"* (ver Marcos 11:7–11).

El sacerdote, actuando en representación de Jesús, repite las palabras de este: "Este es mi cuerpo" y "Esta es mi sangre" (Marcos 14:22, 24). Nosotros creemos que Jesús está realmente en el pan y el vino, tal como dijera el sacerdote.

Todos unidos

Nos ponemos de pie y rezamos el "Padrenuestro" como comunidad del Señor. Como signo tangible de la unidad a la que dio origen Jesús, decimos, "La paz de Cristo" a las personas que tenemos alrededor. También podemos estrecharnos las manos o darnos un abrazo.

Comer y beber juntos

Nos ponemos en fila para recibir la Eucaristía, el cuerpo y la sangre verdaderos de Jesucristo. Cuando comemos de este pan y bebemos de este vino, la presencia de Jesús nos hace más parecidos a él. Después de la comunión, damos silenciosamente gracias a Dios por venir a nosotros.

Después de que todos hayan ido a la comunión y después de una bendición final, la misa ha terminado. El sacerdote dice, "Vayamos en paz". Nosotros decimos, "Demos gracias a Dios". Nos sentimos orgullosos de salir a compartir nuestro Dios con el mundo.

¿De qué forma compartes a Dios con los demás?

PREGUNTAS

JORNADA DE FE

Comer y beber juntos

Dales a los niños tiempo para que contesten las preguntas de reflexión y pide voluntarios dispuestos a comunicar al grupo sus respuestas.

Pregunta al grupo si hay preguntas acerca de lo que tiene lugar en la misa que no hayan sido contestadas en la sesión. Si no puedes responder alguna pregunta, anótala y consigue la respuesta para la próxima sesión.

Compartir y rezar

Si dispones de tiempo, elabora una lista de peticiones para utilizarla hoy como oración final. Seguramente incluirás peticiones por la Iglesia y sus líderes (ora por el papa y por el obispo de tu diócesis mencionando sus nombres), el mundo y los líderes mundiales, tu localidad como comunidad, tu comunidad parroquial, los enfermos (puedes preguntarles a los chicos si quieren orar por algún enfermo en particular, usando solo el nombre de pila), los fallecidos e intenciones especiales.

Dales tiempo a los niños para anotar sus intenciones especiales en respuesta a la pregunta de reflexión. Recuérdales que no tendrán que comentarle al grupo esa intención si se trata de algo demasiado personal.

Todos unidos

En el transcurso de esta sección, dedica tiempo al rezo colectivo del Padrenuestro y al signo de paz. Asegúrate de practicar las convenciones utilizadas en tu parroquia para que los niños se familiaricen con lo que deben hacer (¿Se toman de las manos para rezar el Padrenuestro o no lo hacen? ¿Elevan por lo general las manos o las dejan juntas?)

Actividad final

Concede tiempo a los niños para que terminen la actividad por sí mismos. Circula entre ellos y ayúdales cuando resulte necesario hacerlo. Asegúrate de repasar las respuestas correctas (la lista está más abajo) antes de que los niños se retiren.

Si dispones de un tiempo extra o quieres que esta actividad resulte más participativa, una vez que hayan sido ordenadas las partes de la misa, repasa con ellos qué se hace durante cada una de esas partes (sentarse, pararse, arrodillarse, estrecharse las manos, decir no con la cabeza, etc.)

3 Gloria
6 Padrenuestro
4 Homilía
2 Señal de la cruz
5 Este es mi Cuerpo
7 Signo de paz
1 Canto de entrada

ORDEN DE LA MISA

Pon en orden estas partes de la misa. Escribe los números en los espacios en blanco.

__________ Gloria

__________ Padrenuestro

__________ Homilía

__________ Señal de la Cruz

__________ Este es mi Cuerpo

__________ Signo de Paz

__________ Canto de entrada

Resumen

- La misa tiene dos partes principales.
- Todo lo que hacemos en la misa tiene una función específica.
- Jesús está verdaderamente presente en la Eucaristía.

Jornada de Fe para Niños, Preguntas, P9 (827037)

Imprimi Potest: Stephen T. Rehrauer, CSsR, Provincial de la Provincia de Denver.

Imprimatur: "Conforme al *CIC* 827, el 13 de julio de 2017, el reverendo Mark S. Rivituso, obispo auxiliar de la archidiócesis de St. Louis, concedió el permiso de publicación. El Imprimátur es un permiso para la publicación que indica que la obra no contiene contradicciones con las enseñanzas de la Iglesia Católica, sin embargo no implica la aprobación de las opiniones que se expresan en ella. Con este permiso no se asume ninguna responsabilidad".

Jornada de Fe © 2000, 2017 Liguori Publications, Liguori, MO 63057. Para hacer pedidos, visite *Liguori.org* o llame al 800-325-9521. Liguori Publications, corporación no lucrativa, es un apostolado de los Redentoristas. Para saber más acerca de los Redentoristas visite "Redemptorists.com".

Edición del 2017: Theresa Nienaber-Panuski and Pat Fosarelli, MD, DMin.

Diseño y producción: Wendy Barnes, John Krus, Lorena Mitre Jimenez, Bill Townsend. Ilustraciones: Jeff Albrecht.

LIBROS LIGUORI

Impreso en los Estados Unidos de América.

21 20 19 18 17 / 5 4 3 2 1. Tercera edición.

Oración final

Termina con la lectura de las peticiones, ya sean las que elaboraste durante la sesión o las peticiones que serán formuladas en la próxima misa dominical. Guía a los niños en la respuesta "Señor, escucha nuestra oración". También puedes concluir con la recitación del Padrenuestro, oración con la que se ora en cada misa.

Tarea

Pide a los niños que esta semana presten mucha atención a la homilía de la misa para hacerles después una pregunta a sus padres o a su espónsor (o a cualquier otro adulto que les acompañe a misa) cuando vayan de regreso a casa.

P10: El año litúrgico

Catecismo: 524–25, 1095, 1163–73, 1194–95

Objetivos

- Conocer la secuencia de los tiempos del año litúrgico.
- Indicar qué colores, símbolos y temas corresponden a cada tiempo litúrgico.
- Mencionar algunas de las fiestas, días de precepto y santos del día celebrados durante el año litúrgico.

Meditación del maestro

Eclesiastés 3:1 y Marcos 13:28–29

Después de leer estos pasajes de la Escritura, reflexiona sobre el calendario litúrgico y el marco y la estructura que proporciona para la expresión de nuestra fe, el sentido de ritmo y corrección que aporta a la vida de la Iglesia y la ruta que pone ante nosotros para que todos los fieles podamos seguir el desarrollo de la vida, la muerte y la resurrección de Cristo.

Preparación del maestro

- Lee la lección, este plan de clase, los pasajes de la Escritura y las secciones del *Catecismo*.
- Familiarízate con el vocabulario de esta lección: año litúrgico, Adviento, Navidad, Cuaresma, Triduo, Pascua, Pentecostés, Tiempo Ordinario, fiestas, días de precepto. Las definiciones aparecen en el glosario de esta guía.
- Consigue ejemplares de un calendario litúrgico actualizado para entregarlos a los niños y los espónsores. Algunas parroquias, organizaciones y grupos los distribuyen gratuitamente en fechas cercanas a Adviento; en otros casos, los tienen a la venta durante todo el año.

Bienvenida

Saluda a los niños según vayan llegando. Comprueba si dispones de los materiales y artículos diversos que pudieras necesitar. Pide que hagan cualquier pregunta o comentario que tengan acerca de la sesión anterior y/o compartan con el grupo cualquier nueva información o conclusión en su poder. Comienza rápidamente.

Lectura inicial

Eclesiastés 3:1 y Marcos 13:28–29

Enciende la vela y lee en voz alta. Sugiere a los niños que piensen en patrones o rutinas que ellos siguen en sus propias vidas. Antes de comenzar la lección de hoy, pregunta a los chicos si han notado que alguna cosa cambia en la iglesia de semana en semana o según los tiempos litúrgicos.

Si con solo esa pregunta no les viene nada a la mente a los niños, dales una ayuda preguntándoles por las vestimentas del sacerdote, los colores usados en la ornamentación, las flores, los paños de altar o cualquier cosa específica de tu iglesia que cambie con el tiempo litúrgico.

> Cada semana, en el día que [la Santa Madre Iglesia] llamó 'del Señor', conmemora su resurrección….en el ciclo del año desarrolla todo el Misterio de Cristo.
>
> *CIC* 1163

P10

PREGUNTAS

El año litúrgico

Terrence y Lisa iban caminando cuando salieron de misa. "¿Cómo será que el sacerdote escoge de qué color vestirse?" preguntó Lisa.

"Parece que siempre escoge el color para que haga juego con los adornos de la iglesia", contentó Terrence. "¿Será que siguen un plan?"

"¿Será que, a lo mejor, siguen el mismo calendario?" Lisa soltó una risita.

NIÑOS

CIC 524–25, 1095, 1163–73, 1194–95

P10

PREGUNTAS

JORNADA DE FE

Celebraciones familiares

Todas las familias tienen tradiciones. Pudiera ser que la familia se reúna una vez al año para disfrutar de una barbacoa. O que en Navidad hagan una rifa del Santa Claus secreto. Las tradiciones son cosas que toda la familia comparte. Cuando crezcas, probablemente tú también les pasarás esas tradiciones a los más jóvenes.

¿Qué tradiciones hay en tu familia?

Tiempos del año católico

También la Iglesia tiene tradiciones. Es más, ¡la Iglesia tiene muchas tradiciones! Para no perder el hilo de ninguna de las celebraciones especiales, la Iglesia tiene su propio calendario. El **año litúrgico** comienza el primer domingo de Adviento. El año litúrgico se organiza para ayudarnos a comprender y experimentar todas las tradiciones de la Iglesia. Cada tiempo tiene sus significados, símbolos y colores que le son propios.

Adviento

Color: Violeta, representa la humildad y la esperanza.

Símbolos: Velas y estrellas que representan a Cristo como el Camino y la Luz. Las ramas de los árboles que nunca pierden las hojas nos recuerdan la vida eterna y el árbol genealógico de Jesús.

Adviento comienza a finales de noviembre o principios de diciembre. Durante Adviento, esperamos ansiosos el nacimiento de Jesús en Navidad. En las lecturas de las misas escuchamos cómo el pueblo de Dios esperaba por un Salvador. Escuchamos acerca de los ángeles mensajeros de Dios y acerca de Juan el Bautista, quien preparó el camino para Jesús.

¿Cómo te preparas generalmente para la Navidad?
¿Cómo puedes prepararte para la llegada de Jesús?

Navidad

Colores: Blanco, o dorado, en representación de la luz, la inocencia y el gozo.

Símbolos: Los regalos representan los tres regalos que los Reyes Magos trajeron a Jesús. La Estrella de Belén nos recuerda que Cristo nos muestra el camino que nos lleva a él.

La ***Navidad*** no es para los católicos un solo día. El tiempo de Navidad comienza para la Iglesia el 25 de diciembre y ¡continúa hasta entrado enero! Durante el tiempo navideño escuchamos relatos relacionados con el nacimiento de Jesús. Aprendemos acerca de los tres Reyes Magos que adoraron al niño Jesús. También escuchamos acerca de la niñez de Jesús, de cómo María y José presentaron a Jesús en el Templo. También escuchamos la historia del bautismo de Jesús.

¿Qué es lo que más te gusta de las celebraciones de Navidad?

Cuaresma

Color: Violeta, que representa el pesar y la penitencia.

Símbolos: Las cenizas nos recuerdan nuestros pecados y la misericordia de Dios. La cruz nos recuerda la muerte de Jesús. La corona de espinas nos recuerda los sufrimientos que Jesús soportó por nosotros.

La ***Cuaresma*** comienza el Miércoles de Ceniza, que cae en febrero o marzo. La Cuaresma dura cuarenta días. De nosotros se espera que pasemos esos cuarenta días preparándonos para la Pascua. Durante la Cuaresma reflexionamos en todo lo que Jesús ha hecho por nosotros. Prestamos particular atención a su misericordia, a su capacidad para perdonar y a su sufrimiento en la cruz. Tratamos también de hacer algunas buenas obras adicionales para mostrar nuestro amor. También podemos renunciar a algo que nos gusta para demostrarle así a Jesús que le estamos agradecidos por su sacrificio y que queremos ser como él.

Celebraciones familiares

Circula por el salón y pide a cada niño que les cuente de alguna tradición de su familia para los días de fiesta, la noche que dedican a los juegos, los cumpleaños u otra ocasión especial. También tú puedes contarles de algo que tu familia hacía cuando eras niño. Dales a todos los que deseen participar la oportunidad de hacerlo pero no pierdas tiempo en cosas que te desvíen del tema.

Tiempos del año católico

Si vas a distribuir calendarios litúrgicos, hazlo ahora. Indica a los participantes que se puede ver fácilmente cuándo comienza cada tiempo fijándose en el color con que aparece el día.

Pregunta a los niños si pueden adivinar, sin fijarse en lo que dice más adelante en la lección, cuáles son los colores que corresponden al Adviento, la Navidad, la Cuaresma y la Pascua.

Adviento

Pide a los niños que encuentren en sus calendarios litúrgicos cuándo comienza el tiempo de Adviento.

En esta lección se presentan dos símbolos de Adviento, pero quizás el grupo pueda, en un ejercicio colectivo de creatividad, encontrar otros. Anima a los niños a que anoten sus hallazgos en sus cuadernos o a que los dibujen.

Entre otros símbolos de Adviento se cuentan la corona de Adviento y el color rosa.

Dales tiempo a los niños para que contesten solos las preguntas de reflexión. Pregúntales después cómo creen que la Iglesia se prepara durante el tiempo de Adviento para recibir a Jesús.

Entre las respuestas sugeridas se cuentan: decorando el templo para que las personas se den cuenta de que es un tiempo especial, realizando encuentros de oración especialmente dedicados a Adviento, iluminando con las velas la corona de Adviento durante la misa o dedicando más tiempo a la oración.

Navidad

Pide a los niños que encuentren en el calendario litúrgico cuándo comienza la Navidad.

Dales tiempo para que respondan la pregunta de reflexión por sí mismos. Aliéntalos para que no piensen solo en recibir regalos (lo cual es bien divertido pero no debe ser el acontecimiento principal de la Navidad).

Cuaresma

Pide a los niños que encuentren en el calendario litúrgico cuándo comienza la Cuaresma.

Contesten entre todos la pregunta de reflexión y elaboren una lista de las cosas de las que pueden privarse o de las cosas que pueden incorporar a sus vidas durante la Cuaresma para parecerse más a Jesús.

Algunas de las posibles respuestas incluyen renunciar a alguna comida que nos guste mucho durante cuarenta días, dedicar parte del tiempo libre a algún trabajo, limpiar el patio de un

¿Qué pudieras hacer durante la Cuaresma para mostrarle a Jesús que quieres ser como él?

¿Cómo puedes tú celebrar la victoria de Jesús sobre la muerte?

PREGUNTAS

JORNADA DE FE

Triduo: Los últimos "Tres Días"

Colores: El Jueves Santo y el Sábado Santo usamos el blanco para representar la victoria de Jesús sobre la muerte en la Pascua. El Viernes Santo usamos el rojo para representar el sacrificio de Jesús por nosotros.

Símbolos: Las velas representan que Jesús es nuestra Luz. Lavamos los pies de otras personas para mostrar que, como Jesús, serviremos a los otros. La cruz nos recuerda el sacrificio y la muerte de Jesús.

La Cuaresma termina con una celebración de tres días llamada ***Triduo***. En la tarde del Jueves Santo recordamos cómo Jesús compartió la primera Eucaristía con sus discípulos al darles su cuerpo y su sangre. El Viernes Santo recordamos la crucifixión de Jesús. El Sábado Santo, al caer el sol, la Iglesia celebra la resurrección de Cristo en la Vigilia Pascual. Durante la misa de la Vigilia Pascual, ustedes recibirán los sacramentos de la iniciación.

Pascua

Colores: Blanco o dorado porque Cristo es nuestra luz, la victoria sobre la muerte y la gloria eterna.

Símbolos: Un cordero representa el sacrificio que hizo Jesús por nosotros. Los huevos representan nuestra nueva vida ahora que Jesús ha resucitado de entre los muertos.

El tiempo de la **Pascua** comienza en marzo o abril y dura cincuenta días. El último día del tiempo pascual se llama **Pentecostés**. Durante la Pascua celebramos la resurrección de Jesús y la noticia de que también nosotros resucitaremos y viviremos eternamente en el cielo. También recordamos cómo el Espíritu Santo descendió sobre los apóstoles y les hizo fuertes, sabios y llenos de deseos de fundar la Iglesia. El Espíritu Santo también viene a nosotros mediante el bautismo y la confirmación.

Tiempo Ordinario

Color: Verde, por el crecimiento y la vida eterna.

Símbolos: Plantas, porque ellas representan el crecimiento que tiene lugar durante este tiempo.

Celebramos el **Tiempo Ordinario** dos veces al año. La primera vez es entre Navidad y Cuaresma, generalmente en enero y febrero. Nuevamente lo celebramos después de Pentecostés y hasta Adviento. Durante el Tiempo Ordinario aprendemos sobre los viajes, milagros y enseñanzas de Jesús. Cuanto más aprendemos sobre nuestra fe, tanto más conocemos y amamos a Dios.

ACTIVIDAD
FIESTAS Y DÍAS DE PRECEPTO

Estos seis tiempos no son lo único incluido en el año litúrgico pues en él se sugiere también la celebración de ***fiestas*** dedicadas a acontecimientos y santos de gran importancia. Algunas fiestas son tan especiales que son **días de precepto u obligación**. Eso significa que tenemos que asistir a misa, aunque no sea domingo, para celebrar con el resto de nuestra familia de la Iglesia.

Estas son las fiestas que celebramos en los Estados Unidos:

- 1 de enero: María, la Santa Madre de Dios
- Sexto jueves o séptimo domingo de Pascua: La Ascensión del Señor
- 15 de agosto: La Asunción de María, cuando su cuerpo fue llevado al cielo.
- 1 de noviembre: Todos los Santos
- 8 de diciembre: La Inmaculada Concepción de María
- 25 de diciembre: La Natividad del Señor (Navidad)

¿Alguna vez has celebrado estos días de precepto?

P10

vecino anciano sin cobrarle por ello, levantarse unos minutos más temprano para dedicarle a Jesús una oración especial, o escoger un santo sobre el cual investigar y leer durante la Cuaresma.

Triduo: Los últimos "Tres Días"

Pídeles a los niños que busquen en sus calendarios litúrgicos los días del Triduo. Puedes valerte de la ocasión para conectar con lecciones anteriores preguntándoles en dónde más era importante el número tres (la lección sobre la Trinidad).

Pascua

Pide a los niños que encuentren la Pascua en el calendario litúrgico.

Mientras lees la sección, recuérdales a los niños que esta Pascua será muy especial para ellos porque ¡se convertirán en miembros plenos de la Iglesia!

Tiempo ordinario

Pídeles a los niños que encuentren el Tiempo Ordinario en su calendario litúrgico.

Fiestas y días de precepto

Pide a los niños que busquen en el calendario litúrgico algunas fiestas especiales o días de precepto. Pueden buscar los que se mencionan en esta lección o tratar de encontrar otras fiestas diferentes.

Actividad final

Dales tiempo a los niños para que, antes de concluir la sesión, terminen la actividad final. Circula entre ellos mientras trabajan y fíjate en lo que están haciendo. Manifiesta tu aprobación a las respuestas correctas y aclara cualquier punto confuso que pueda surgir.

UN AÑO COLORIDO

Colorea los símbolos que aparecen más abajo con el color que corresponde a su tiempo litúrgico.

Adviento: Violeta (púrpura claro)

Navidad: Dorado (o amarillo claro)

Cuaresma: Púrpura

Triduo: Rojo

Pascua: Dorado (o amarillo oscuro)

Tiempo ordinario: Verde

Resumen

- La Iglesia sigue un calendario litúrgico.
- Los tiempos litúrgicos tienen sus propios símbolos, temas y colores.
- El calendario litúrgico incluye fiestas, días de precepto y santoral.

Jornada de Fe para Niños, Preguntas, P10 (827037)

Imprimi Potest: Stephen T. Rehrauer, CSsR, Provincial de la Provincia de Denver.

Imprimatur: "Conforme al *CIC* 827, el 13 de julio de 2017, el reverendo Mark S. Rivituso, obispo auxiliar de la archidiócesis de St. Louis, concedió el permiso de publicación. El Imprimátur es un permiso para la publicación que indica que la obra no contiene contradicciones con las enseñanzas de la Iglesia Católica, sin embargo no implica la aprobación de las opiniones que se expresan en ella. Con este permiso no se asume ninguna responsabilidad".

Edición del 2017: Theresa Nienaber-Panuski and Pat Fosarelli, MD, DMin.

Diseño y producción: Wendy Barnes, John Krus, Lorena Mitre Jimenez, Bill Townsend. Ilustraciones: Jeff Albrecht.

LIBROS LIGUORI

Impreso en los Estados Unidos de América.

21 20 19 18 17 / 5 4 3 2 1. Tercera edición.

Oración final

Concluye con una oración espontánea de agradecimiento a Dios por haberles dado el Año Eclesial (el calendario litúrgico) que unifica la Iglesia y robustece nuestra fe de igual forma a como las reuniones y tradiciones de familia crean un nexo entre sus miembros.

Tarea

Pide a los niños que, en la casa, investiguen acerca de las fiestas de la Iglesia, elijan una que celebre un acontecimiento o un santo con el cual se sientan conectados y señalen esa fecha en su calendario. Anímelos a que ese día hagan algo especial con su familia. Pudieran cocinar algo que el santo pudiera haber comido, hacer una oración especial pidiendo la intercesión de ese santo, o investigar acerca de la festividad y comentar con la familia lo aprendido al respecto.

P11: Espacios en una iglesia católica

Catecismo: 1179–86, 2179

Objetivos

- Localizar diferentes espacios y objetos de una iglesia parroquial típica.
- Describir los diversos espacios y objetos de acuerdo con su función y significación.
- Descubrir que cuando estamos reunidos en la iglesia, Cristo está entre nosotros.

Meditación del maestro

Salmo 84

Lleva tu Biblia a la iglesia cuando no se esté desarrollando ningún rito formal y arrodíllate un momento en silencio ante el Señor. Ora por la orientación y la perspicacia que necesitas para instruir a las jóvenes vidas que han puesto a tu cuidado. Toma conciencia de los diferentes elementos presentes en la iglesia. Medita acerca de las múltiples maneras en que estos símbolos han incidido en tu vida.

Preparación del maestro

- Lee la lección, este plan de clase, el pasaje de la Escritura y las secciones del *Catecismo.*
- Pide al párroco o al diácono que te ayuden a mostrarles a los participantes las diversas vestimentas. Si no pudiera ser, será suficiente que tomes prestados unos pocos artículos.
- Programa un recorrido por una iglesia, sacristía o capilla. Sea ello suficiente o no para reemplazar la sesión formal, concede a los participantes un momento de silencio para que oren. Si no fuese posible realizar un recorrido en grupo, anima a los participantes y espónsores a planificar su propia visita privada a la iglesia.
- Investiga acerca de historias y misiones relacionadas con tu parroquia. Considera la posibilidad de poner a disposición de los participantes y espónsores interesados en seguir investigando el tema, una lista de sitios web y otras fuentes de información vinculados al mismo.
- Familiarízate con el vocabulario de esta lección: agua bendita, pila bautismal, genuflexión, tabernáculo o sagrario, lámpara votiva, banco, altar, *Misal Romano*, crucifijo, ambón, Leccionario, facistol, cirio pascual, cuarto confesionario, confesionario, vestimentas, sacristía, alba, estola, canesú, casulla, parroquia, centro parroquial, casa del párroco. Las definiciones aparecen en el glosario de esta guía.

Bienvenida

Saluda a los niños según vayan llegando. Comprueba si dispones de los materiales y artículos diversos que pudieras necesitar. Pide que hagan cualquier pregunta o comentario que tengan acerca de la sesión anterior y/o compartan con el grupo cualquier nueva información o conclusión en su poder. Comienza rápidamente.

Lectura inicial

Salmo 84

De ser posible para esta lección, lee en voz alta desde el facistol. Habla acerca del rezo en la iglesia, la casa del Señor. Pregunta a los niños qué piensan que significa para Dios "habitar" en la iglesia.

> Nuestras iglesias visibles, lugares santos, imágenes de la Ciudad santa, la Jerusalén celestial hacia la cual caminamos como peregrinos.
>
> *CIC* 1198

P11 PREGUNTAS

Espacios en una iglesia católica

"Estoy tan aburrida", dijo Lisa mientras miraba por la ventanilla del carro.

"Bueno, ¿por qué no usas este tiempo para conversar con Dios?" le sugirió su mamá.

"¿Rezar? ¿En el carro?"

"¡Claro que sí! Se puede rezar en cualquier parte. Hasta en el carro".

NIÑOS

CIC 1179–86, 2179

P11

Espacios en una iglesia católica

Después de leer la historia correspondiente a esta lección, pide a los niños que cuenten de un lugar que les gusta para rezar o en el que rezan mejor. Puedes comenzar con los que se ofrezcan como voluntarios pero da a cada uno de los niños la posibilidad de responder.

Qué es qué en la iglesia

Según les vayas hablando de cada lugar u objeto de la iglesia, muéstrales a los niños un ejemplo. Puedes hacerlo desplazándote hacia el lugar correspondiente de tu iglesia parroquial o puedes hacerlo con fotografías impresas o diapositivas.

Puede que también quieras relacionar cada objeto con el sacramento al que está vinculado (si es que lo está a alguno). Cuando te detengas en la pila bautismal, diles a los niños que los que serán bautizados lo serán con esta agua bendita (aunque no propiamente en la pila). Muéstrales a los niños dónde se encuentra el tabernáculo y, de ser posible, pídele a un sacerdote que les muestre la hostia consagrada y hazles saber que recibirán este alimento en su primera Eucaristía.

Si te es posible, entra al cuarto confesionario o al confesionario. Muestra a los niños dónde se arrodillarían o sentarían, e infórmales que pueden escoger entre situarse detrás de la celosía o cara a cara con el sacerdote. Hay incluso adultos a los que intimida ir al confesionario, así que ayuda a los niños a familiarizarse con él para que después no les resulte atemorizante.

"¿No hay que estar en la iglesia para rezar?" preguntó Lisa.

"Nooo", su mamá sacudió la cabeza de un lado al otro. "La iglesia es solo un lugar muy especial para rezar. Rezar ahí es como ir a la casa de Dios para conversar con él en persona. Es también un lugar en el que puedes rezar junto a otras personas".

¿Dónde te gusta rezar?

Qué es qué en la iglesia

Tú puedes rezar en cualquier parte. Puedes rezar en el parque. Puedes rezar junto a tu cama. Puedes rezar con tu familia cuando están sentados a la mesa de comer. Dios está en todas partes, así que te puede oír en cualquier parte que estés. Las iglesias son lugares especiales en las que rezamos y adoramos a Dios. Todo lo que ves en la iglesia es un recordatorio de cuánto te ama Dios.

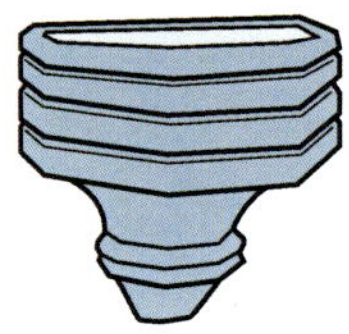

Cuando entras por la puerta, verás un pequeño depósito con agua. El agua contenida en él es **agua bendita**. Es bendita porque es agua que ha sido bendecida por un sacerdote. Uno toca el agua y hace la señal de la cruz en recuerdo de que está bautizado en Jesús y forma parte de la familia de Dios.

Puede que también veas una **pila bautismal**. Se trata de un gran bol o fuente de agua bendita utilizada para bautizar a los nuevos cristianos.

Cuando se entra a la iglesia, se hace una **genuflexión** en dirección al sagrario. Eso significa que uno se arrodilla brevemente poniendo una rodilla en tierra y haciendo sobre sí la señal de la cruz. El **sagrario** es el lugar donde se guarda el Cuerpo de Jesús en la forma de la hostia de la comunión. La genuflexión hacia el sagrario se hace como muestra de respeto a la presencia de Jesús en la iglesia.

Cerca del sagrario hay una vela que arde permanentemente. Esa es la **lámpara votiva**. Ella nos recuerda que Jesús está ahí, en el sagrario, y que siempre está con nosotros.

Entonces te sientas en un **banco de madera**. Todos los bancos están dirigidos hacia el altar. El **altar** es donde el sacerdote ofrece el pan y el vino a Dios y donde el pan y el vino son convertidos en el Cuerpo y la Sangre de Jesús. También hay en el altar un libro con las oraciones de las misas. Ese libro es el ***Misal Romano***.

También verás un **crucifijo** sobre el altar. Un crucifijo es una cruz con la imagen de Jesús. Es un recordatorio de que el amor de Jesús por nosotros es tal que lo hizo sufrir y morir por nosotros.

Frente al altar y más cerca de los bancos, se encuentran generalmente el facistol y el ambón. El **ambón** es una especie de atril desde el cual se proclama la Palabra de Dios durante la misa. El libro utilizado para esas lecturas de la Escritura es llamado **Leccionario**. El **facistol** es otro atril desde el cual se da lectura a materiales que no son de la Escritura o en cuya plataforma se para el encargado de los cantos.

También pudieras ver en la parte de delante, una vela alta, blanca y ornamentada a la que se le denomina **cirio pascual**. El cirio nos recuerda que Jesús resucitó de entre los muertos en Pascua y que es la luz del mundo. Durante el tiempo pascual, esta vela arde en todas las misas. Después del tiempo pascual se le sitúa cerca de la pila bautismal para recordarnos que hemos sido bautizados y convertidos en miembros de la familia de Jesús, y que algún día renaceremos con él.

En tu iglesia hay también un **cuarto confesionario** o un **confesionario**. Es allí donde acudimos para contar al sacerdote nuestros pecados. Allí se nos recuerda que el amor de Dios perdona y allí recibimos su bendición.

Los sacerdotes y las vestiduras propias de la iglesia

El sacerdote, el diácono y los acólitos usan ropas especiales durante la misa. Esas ropas son, al igual que las otras cosas que vemos en la iglesia, un recordatorio de nuestra fe y de cuánto nos ama Dios y se denominan **vestiduras o vestimentas**. Las vestiduras se las ponen el sacerdote, el diácono y los acólitos en la **sacristía**, una pequeña habitación cercana al altar.

Primeramente, los sacerdotes y diáconos se ponen el **alba**, una larga túnica blanca que nos recuerda que debemos aproximarnos a Dios con pureza en el corazón. Los acólitos también visten albas.

A ella el sacerdote y el diácono añaden una **estola**, que es una larga pieza de tela que nos recuerda el yugo del Señor. Un **yugo** es un implemento que se utiliza en las faenas agrícolas para unir, mediante una vara, al buey u otro animal a un arado del que tira. Es un signo que quiere decir que quien lo lleva trabaja duro por Dios. El sacerdote la lleva alrededor del cuello y con los extremos colgando sobre el pecho. El diácono la lleva diagonalmente sobre un hombro.

Sobre el alba y la estola, el sacerdote viste una **casulla**. Los colores de la casulla representan los tiempos litúrgicos.

Otros edificios cercanos a la iglesia

Una iglesia, su sacerdote y su pueblo componen una **parroquia**. Las parroquias reciben nombres que corresponden a la Trinidad, a Jesús, al Espíritu Santo, a María, o a santos y fiestas importantes de la Iglesia. Los otros edificios cercanos a ella son utilizados para ayudar en la dirección de la parroquia. Con frecuencia hay un **centro parroquial** en el que se celebran actividades parroquiales como reuniones y clases. La **casa parroquial** es la casa donde vive el párroco. Puede que tu parroquia también tenga una escuela.

Los sacerdotes y las vestiduras propias de la iglesia

Al abordar el tema de las vestiduras sacerdotales, puede que también desees hablar de las vestiduras de los acólitos. Si es posible, pide a un acólito cuya edad sea cercana a la de tus participantes que venga y les cuente qué es ser acólito. Pudieras incluso tomar los nombres de los participantes que crean que pudiera gustarles servir como acólitos, y fijar un encuentro con el coordinador de estos en algún momento durante tus sesiones de mistagogia.

Otros edificios cercanos a la iglesia

Si se encuentra abierto, lleva a los niños a tu centro parroquial, o si no, solo ve con ellos hasta allí.

Procede de igual forma con respecto a la casa del párroco pero haz los arreglos pertinentes para garantizar que los estarán esperando.

Actividad final

Concluye la actividad regresando a la iglesia parroquial y pon a los niños a completar la actividad localizando, cada uno por sí solo o con un compañero, los diferentes lugares y objetos. Recuerda a los niños que, aun cuando no se está celebrando la misa, Dios está presente en el templo y se debe usar el mismo tono de voz respetuoso y el mismo comportamiento que si estuvieran en la misa dominical.

¿DÓNDE ESTÁ?

Localiza en tu iglesia las siguientes cosas. Después dibuja cada una de ellas bajo su nombre.

pila del agua bendita	**altar**	**crucifijo**
tabernáculo o sagrario	**pila bautismal**	**lámpara votiva**

Resumen

- Cada espacio y objeto de una iglesia tiene un significado especial.
- Estas cosas tienen significación para la vida diaria de los católicos.
- Cuando nos reunimos en la iglesia, Cristo está con nosotros.

Jornada de Fe para Niños, Preguntas, P11 (827037)

Imprimi Potest: Stephen T. Rehrauer, CSsR, Provincial de la Provincia de Denver.

Imprimatur: "Conforme al *CIC* 827, el 13 de julio de 2017, el reverendo Mark S. Rivituso, obispo auxiliar de la archidiócesis de St. Louis, concedió el permiso de publicación. El Imprimátur es un permiso para la publicación que indica que la obra no contiene contradicciones con las enseñanzas de la Iglesia Católica, sin embargo no implica la aprobación de las opiniones que se expresan en ella. Con este permiso no se asume ninguna responsabilidad".

Jornada de Fe © 2000, 2017 Liguori Publications, Liguori, MO 63057. Para hacer pedidos, visite *Liguori.org* o llame al 800-325-9521. Liguori Publications, corporación no lucrativa, es un apostolado de los Redentoristas. Para saber más acerca de los Redentoristas visite "Redemptorists.com".

Edición del 2017: Theresa Nienaber-Panuski and Pat Fosarelli, MD, DMin.

Diseño y producción: Wendy Barnes, John Krus, Lorena Mitre Jimenez, Bill Townsend. Ilustraciones: Jeff Albrecht.

LIBROS LIGUORI

Impreso en los Estados Unidos de América.

21 20 19 18 17 / 5 4 3 2 1. Tercera edición.

Oración final

Solicita las intenciones particulares que pudieran tener y después recen juntos (pide a los niños que repitan cada línea después de ti):

Señor,
tú nos has creado para que te conozcamos,
te amemos,
y te sirvamos.

Y es ciertamente maravillosa
la forma en que nos has hecho.

Gracias por el regalo de esta iglesia
y por los objetos y símbolos
que encontramos aquí
y nos hacen más cercanos
a ti.

Amén

Tarea

La próxima vez que los niños y sus familias asistan a misa o vayan a la iglesia, los chichos escogerán un sitio u objeto de ella y se enseñarán a la familia lo que aprendido con respecto a él.

P12: El pastor de la Iglesia

Catecismo: 871–945

Objetivos

- Descubrir que Jesucristo fundó la Iglesia.
- Citar la jerarquía de los líderes oficiales de la Iglesia.
- Definir al papa como pastor de la Iglesia en la tierra.

Meditación del maestro

Mateo 16:18–19

Lee el pasaje y después reflexiona sobre su significado con esta oración:

Señor, tú me has llamado con este propósito especial, el de que tus senderos sean conocidos por las jóvenes criaturas de tu rebaño. Ayúdame a inspirarles el amor por tu Iglesia, la obediencia a tus enseñanzas, la comprensión de su propio llamado a servir y el oído siempre atento a aquellos que han sido elegidos para guiarles. Renueva mi respeto por cada miembro de tu Iglesia, sean ordenados o laicos. Haz que tenga yo clara la importancia de la estructura y el liderazgo. Te lo pido en el nombre de tu Hijo, Jesús, que permanece eternamente a la cabeza de tu cuerpo, la Iglesia.

Preparación del maestro

- Lee la lección, este plan de clase, el pasaje de la Escritura y las secciones del *Catecismo*.
- Invita a tu párroco o a los líderes de los ministerios parroquiales a hablarles a los participantes acerca de los papeles que desempeñan en la parroquia. Si en tu iglesia existen ministerios específicamente dedicados a los niños, como un coro infantil, un grupo de jóvenes, o acólitos, pide a sus coordinadores que acudan a hablarles a los niños, o informa a estos y a sus espónsores cómo contactarles.
- Si está a tu alcance, consigue tarjetas con oraciones que tengan también la fotografía del actual papa, o pásales una para que le conozcan.
- Familiarízate con el vocabulario de esta lección: papa, obispo, diócesis, arquidiócesis, arzobispo, obispo auxiliar, cardenal, sacerdote, párroco, vicario, diácono, orden religiosa, hermano, monje, monasterio, hermana, monja, convento, laicado, lector, acólito, ministro extraordinario de la Sagrada Comunión, ministro de la música, cantor, ujier. Las definiciones se encuentran en el glosario de esta guía.

Bienvenida

Saluda a los niños según vayan llegando. Comprueba si dispones de los materiales y artículos diversos que pudieras necesitar. Pide que hagan cualquier pregunta o comentario que tengan acerca de la sesión anterior y/o compartan con el grupo cualquier nueva información o conclusión en su poder. Comienza rápidamente.

Lectura inicial

Mateo 16:13–20

Enciende la vela y lee en voz alta. Antes de comenzar la sesión, pregunta a los niños qué piensan acerca de lo que significa que Jesús diga que Pedro es la roca sobre la cual Cristo construirá su iglesia.

> Hay en la Iglesia diversidad de ministerios, pero unidad de misión. A los apóstoles y sus sucesores les confirió Cristo la función de enseñar, santificar y gobernar en su propio nombre y autoridad.
>
> *CIC* 873, ver Decreto sobre el Apostolado de los Laicos, [*Apostolicam Actuositatem*, 2]

P12 PREGUNTAS

El pastor de la Iglesia

"¿Por qué hubo hoy dos sacerdotes en la misa?" preguntó Tanya.

"Yo creo que uno no era un sacerdote sino un diácono", contestó Tomás. "La señora Evans dijo que pudiera ser que hasta un obispo viniera a nuestra confirmación".

"¿Pero cómo vamos a saber quién es quién?"

NIÑOS

CIC: 871–945

El pastor de la Iglesia

Después de leer la narración, pregunta a los niños si saben de alguien que trabaje en su iglesia o de las labores que hacen las personas que trabajan para la iglesia. Puede animar la discusión pidiéndoles a los niños que piensen en la misa dominical y hagan una lista de todas las labores que desarrollan ahí diferentes personas (conducir los cantos, leer, celebrar la misa, portar la cruz en la procesión, servir y asistir al sacerdote, y otras).

El papa

Respondan entre todos la pregunta de reflexión. Si tienes una fotografía del papa actual, muéstrala al grupo y observa si pueden decir quién es. Si tienes tarjetas con oraciones que tengan la foto del papa, distribúyelas ahora.

Los obispos

Respondan entre todo el grupo la pregunta de reflexión. Si es posible, muéstrales un mapa de la diócesis a los chicos para que vean qué área cubre.

Los sacerdotes

Si tu párroco o algún otro sacerdote de la parroquia pudo asistir a tu sesión de hoy, pídele que dirija esta sección de la lección y que les cuente algunas de las cosas que le hacen sentirse particularmente feliz de ser sacerdote. Concédeles tiempo a los niños para que hagan preguntas acerca de qué significa ser un sacerdote.

Si no te es posible conseguir un sacerdote que le hable a tu clase, no dejes de decirles a los niños los nombres del párroco y de otros sacerdotes de tu parroquia.

PREGUNTAS

JORNADA DE FE

¿Conoces a todas las personas que trabajan en tu iglesia?

Cuando te bautizan, te conviertes en miembro de una familia. Al igual que cualquier familia, la Iglesia tiene muchos miembros. Cada uno de nosotros tiene un papel importante y un trabajo especial que hacer. El trabajo de Jesús es velar por su Iglesia y dirigir y guiar a todos los miembros hacia Dios.

He aquí algunos de los miembros de la Iglesia y el trabajo que están llamados a realizar.

El papa

Jesús eligió doce apóstoles para que le ayudaran a atraer a la gente a Dios. A uno de ellos le dijo, "Tú eres Pedro, y sobre esta piedra edificaré mi Iglesia" (Mateo 16:18). Pedro trabajó con los otros apóstoles para establecer la Iglesia Cristiana por todo el mundo.

El trabajo de Pedro lo hace ahora su sucesor, el papa. El **papa** vela y guía a la Iglesia en el mundo. Exactamente igual a como Pedro trabajó con los apóstoles, el papa trabaja con los obispos. Los obispos son los sucesores de los otros apóstoles.

¿Quién es el papa actual?

Los obispos

El **obispo** está a cargo de todas las parroquias de una ciudad o región. Esa área se denomina **diócesis**. Una diócesis grande recibe el nombre de **arquidiócesis**. Si tú vives en una arquidiócesis, tu obispo recibe el nombre de **arzobispo**. En las diócesis muy grandes, el obispo puede tener un **obispo auxiliar**. La palabra auxiliar significa "ayudante".

En ocasiones el papa elige a un obispo para que se convierta en **cardenal**. El trabajo de los cardenales es votar para elegir un nuevo papa.

¿Cuál es tu diócesis?

¿Quién es el obispo de tu diócesis?

Los sacerdotes

Los obispos no pueden atender tantas parroquias y personas por sí solos. Los **sacerdotes** ayudan a los obispos en las parroquias. Un sacerdote que está a cargo de su propia parroquia recibe el nombre de **párroco**. La palabra párroco viene de la palabra latina que significa "pastor", así que el párroco es como tu pastor en la fe. Las parroquias grandes pueden tener un **párroco auxiliar** que ayuda al párroco.

No todos los sacerdotes están a cargo de una parroquia. Algunos viajan a tierras lejanas a difundir la Palabra de Dios. Otros enseñan en escuelas. Algunos sacerdotes trabajan con los pobres y otros cuidan de los enfermos.

¿Quién es el párroco de tu parroquia?

¿Trabajan también en tu parroquia otros sacerdotes? ¿Quiénes son ellos?

Los diáconos

Los **diáconos** ayudan a los sacerdotes leyendo el Evangelio o pronunciando la homilía en la misa, ayudando con los pobres y los enfermos de la parroquia, y en muchas otras cosas. A pesar de que el ministerio del diácono es más limitado que el de un sacerdote, algunas de las cosas que un diácono puede hacer son: predicar en la misa, bautizar y presidir las bodas.

¿Quiénes son los diáconos de tu parroquia?

Las hermanas y los hermanos

Algunas personas dedican su vida a Dios en alguna forma especial y pasan a formar parte de una orden religiosa. Una **orden religiosa** es un grupo de hombres o mujeres que comparten una misión común (como predicar, enseñar, orar, o servir a los necesitados). Ellos prometen obedecer siempre a Dios y su comunidad y llevar una vida simple sin tener muchas cosas.

A los religiosos se les llama **hermanos** o **monjes** y pueden vivir en un **monasterio**. A las religiosas se les llama **hermanas** o **monjas** y pueden vivir en un **convento**. Vivan en comunidad o solos, tanto los religiosos como las religiosas prometen no casarse nunca.

¿Conoces a algún hermano o hermana? ¿A quién o quiénes?

¿Conoces el nombre de alguna orden religiosa?

El laicado

La mayor parte del cuerpo de Cristo está compuesto por el **laicado**, cuya principal razón de ser es llevar a Cristo a sus hogares y centros de trabajo. En esencia, puede decirse que la tarea del laicado el trabajar en transformar el mundo para Cristo . Los laicos son personas bautizadas que pueden ser casados o solteros, hombres o mujeres, jóvenes o viejos. Algunos laicos desempeñan papeles especiales en la Iglesia, incluso durante la misa.

- **Lectores:** durante la misa proclaman desde el facistol las lecturas bíblicas del Leccionario.
- **Acólitos:** ayudan al sacerdote durante la misa y otras celebraciones. Pueden portar una cruz o una vela, sostener el libro de oraciones e, incluso, ayudar en la preparación para la comunión.
- **Ministros extraordinarios de la Eucaristía:** dan la comunión en la misa. Están también entrenados para llevar la comunión a personas enfermas o postradas.
- **Ministros de la música:** dirigen el canto y tocan instrumentos en la misa y en otras celebraciones. Un **cantor** es un cantante líder.
- **Ujieres:** saludan y despiden a las personas antes y después de misa, les ayudan a encontrar asiento y participan en la colecta. También pueden prestar ayuda en la fila de la comunión.

PREGUNTAS

JORNADA DE FE

Los diáconos

Si puedes conseguir a un diácono para que venga y le hable a tu clase, que sea él quien dirija esta sección de la lección. Dales tiempo a los niños para que le hagan preguntas acerca de qué significa ser un diácono o acerca de la diferencia entre un diácono y un sacerdote.

Si no te es posible conseguir un diácono que le hable a tu clase, no dejes de darles a los niños los nombres de todos los diáconos de tu parroquia (si es que los hay) y explícales cómo distinguir en la misa si alguien es sacerdote o diácono.

Las hermanas y los hermanos

Respondan entre todo el grupo las preguntas de reflexión. Si hay en tu parroquia religiosos o si conoces a otros que estén en disposición de asistir a tu clase y hablarles a los niños, que sean ellos los que dirijan la lección.

Si no te resulta posible tener ningún orador invitado para esta sección, muestra al grupo algunas fotos de religiosos y religiosas y menciona algunas de las órdenes religiosas más conocidas (franciscanos, Redentoristas, jesuitas, Hijas de la Caridad, Carmelitas u otros que tengan una relación especial con tu parroquia).

El laicado

Si tienes oradores invitados para esta sección, permite que sean ellos quienes dirijan la discusión del tema. Si tu parroquia tiene ministerios dirigidos por niños (como en el caso de un coro infantil o en el de los acólitos), quizás te parezca conveniente traer a hablarle al grupo a algunos que tengan aproximadamente la misma edad de los participantes o que sean solo un poco mayores que ellos. Ver que chicos de su edad participan en los ministerios parroquiales es una muy buena manera de hacer que se sientan bienvenidos y de que también se vean a sí mismos como servidores de la parroquia.

Actividad final

Dales a los niños tiempo para que terminen por sí mismos esta actividad. Si tienes muchos oradores invitados a esta lección, puede que el tiempo no te alcance para esta actividad. Si fuese ese el caso, di a los niños que terminen la actividad en la casa con su padrino, madrina o espónsor. Las respuestas a la actividad aparecen a continuación.

¿QUIÉN ES QUIÉN EN MI PARROQUIA?

Une con una línea a cada persona con el trabajo que hace.

Persona	Trabajo
Lector	Ayuda a las personas a encontrar asiento en la iglesia
Sacerdote	El cantante líder
Acólito	Proclama las lecturas
Diácono	Es el pastor de una parroquia
Cantor	Ayuda a los pobres, enseña o viaja
Ujier	Distribuye la comunión
Ministro de la Eucaristía	Ayuda al sacerdote en el altar
Hermano o hermana	Lee el Evangelio pero no oficia en la misa

Resumen

- La Iglesia fue fundada por Jesucristo.
- La Iglesia tiene líderes oficiales.
- El papa es el pastor de la Iglesia en la tierra.

Jornada de Fe para Niños, Preguntas, P12 (827037)

Imprimi Potest: Stephen T. Rehrauer, CSsR, Provincial de la Provincia de Denver.

Imprimatur: "Conforme al *CIC* 827, el 13 de julio de 2017, el reverendo Mark S. Rivituso, obispo auxiliar de la archidiócesis de St. Louis, concedió el permiso de publicación. El Imprimátur es un permiso para la publicación que indica que la obra no contiene contradicciones con las enseñanzas de la Iglesia Católica, sin embargo no implica la aprobación de las opiniones que se expresan en ella. Con este permiso no se asume ninguna responsabilidad".

Edición del 2017: Theresa Nienaber-Panuski and Pat Fosarelli, MD, DMin.

Diseño y producción: Wendy Barnes, John Krus, Lorena Mitre Jimenez, Bill Townsend. Ilustraciones: Jeff Albrecht.

LIBROS LIGUORI

Impreso en los Estados Unidos de América.

21 20 19 18 17 / 5 4 3 2 1. Tercera edición.

Personas	Trabajo
Lector	Ayuda a las personas a encontrar asiento en la iglesia
Sacerdote	El cantante líder
Acólito	Proclama las lecturas
Diácono	Es el pastor de una parroquia
Cantor	Ayuda a los pobres, enseña o viaja
Ujier	Distribuye la comunión
Ministro de la Eucaristía	Ayuda al sacerdote en el altar
Hermano o hermana	Lee el Evangelio pero no oficia la misa

Oración final

Tú puedes actuar como líder (L) para esta oración o puedes pedir un voluntario para que lea. El resto del grupo dirá la respuesta (R) a una sola voz.

L. Por nuestro papa para que continúe dirigiendo la Iglesia en la tierra. Roguemos al Señor.

R. Señor, escucha nuestra oración.

L. Por nuestro obispo [Nombre], para que continúe haciendo a nuestra diócesis cada vez más cercana a Dios.

R. Señor, escucha nuestra oración.

L. Por los sacerdotes de nuestra parroquia [Nombres], para que continúen pastoreando nuestra parroquia.

R. Señor, escucha nuestra oración.

L. Por los diáconos de nuestra parroquia [Nombres], para que continúen ayudando en el trabajo de la parroquia y difundiendo el mensaje del Evangelio.

R. Señor, escucha nuestra oración.

L. Por todos los religiosos y religiosas para que continúen siendo presencia de Cristo en el mundo.

R. Señor, escucha nuestra oración.

L. Por todos los comprometidos en ministerios laicos parroquiales, especialmente en nuestra parroquia, para que continúen siendo ejemplo de servicio en la comunidad parroquial.

R. Señor, escucha nuestra oración.

Tareas

Ocúpate de que los niños se lleven hoy a casa la lección impresa de este día (si es que no lo hacen normalmente) para que, durante varios días de esta semana, repitan la oración final haciendo ellos de guías de sus respectivas familias en el rezo (se les puede sugerir que lo hagan antes de la cena, antes de ir a la cama o bien temprano en la mañana, pues son buenos momentos para ello).

P13: La Iglesia como comunidad

Catecismo: 74–95

Objetivos

- Reconocer que todos los católicos forman parte del Cuerpo de Cristo.
- Descubrir que, en Cristo, la Iglesia está en posesión de la plenitud de la verdad.
- Mencionar algunos de los importantes papeles y funciones desempeñados por los católicos en la Iglesia.

Meditación del maestro

Juan 14:15–31

La Iglesia fundada por Jesucristo persiste como resultado de la guía y las obras del Espíritu Santo que habita en cada uno de sus miembros. Para entender la unidad y el poder de la Iglesia, que tan diversa membresía tiene, tenemos que aceptar que la Iglesia cuenta con la guía del Espíritu Santo que obra mediante los católicos de todas partes. A pesar de que los individuos cometen errores y a veces se descarrían, el pueblo de Dios, como Iglesia, no vaga sin rumbo fijo.

Preparación del maestro

- Lee la lección, este plan de clase, el pasaje de la Escritura y las secciones del *Catecismo*.
- Familiarízate con los términos de esta lección: comunión de los santos. Las definiciones están disponibles en el glosario de esta guía.

Bienvenida

Saluda a los niños según vayan llegando. Comprueba si dispones de los materiales y artículos diversos que pudieras necesitar. Pide que hagan cualquier pregunta o comentario que tengan acerca de la sesión anterior y/o compartan con el grupo cualquier nueva información o conclusión en su poder. Comienza rápidamente.

Lectura inicial

Juan 14:15–31

Enciende la vela y lee el pasaje en voz alta. Después de leer, pregunta a los niños qué es lo que somos entre nosotros si nuestro padre es Dios. (Hermanos y hermanas.) Mientras los niños piensan en esto, explica que como tenemos un mismo padre, Dios, todos los miembros de la Iglesia son parte de nuestra familia. Esto es lo que significa para la Iglesia ser una comunidad.

> "El depósito sagrado" de la fe…fue confiado por los apóstoles al conjunto de la Iglesia. "Fiel a dicho depósito, el pueblo cristiano entero, unido a sus pastores, persevera siempre en la doctrina apostólica y en la unión, en la eucaristía y la oración…".
>
> *CIC* 84

P13 PREGUNTAS

La Iglesia como comunidad

"¡Un examen sorpresa!" gritó Lisa. "¡Y yo que creía que esto no iba a ser como la escuela!"

"Lo sé", dijo la señora Evans. "Pero no voy a calificar. Yo solo quiero saber cómo creen ustedes que se construye una iglesia".

¿De qué crees tú que está hecha una iglesia? Para cada una de las preguntas que están a continuación, escoge una respuesta y después comenta tus respuestas con el grupo.

NIÑOS

CIC 74–95

P13

Qué es la Iglesia

Dales a los niños tiempo para que solos hagan la "prueba". Si prefieres una variante más movida, pon las letras A, B y C en paredes opuestas. Lee la pregunta y las respuestas en voz alta. Después diles a los niños que corran a situarse bajo la letra que corresponda a la respuesta que escojan.

Jesús y su Iglesia

Si bien no hay respuestas correctas o incorrectas para esta actividad, "C" corresponde a las respuestas que podemos encontrar en la Escritura acerca de cómo Jesús estableció su Iglesia. Revisa cada una de las respuestas C y analiza por qué es una respuesta de Jesús. Las respuestas que sugerimos aparecen a continuación.

Personas. Jesús necesita personas para establecer su Iglesia porque sin ellas la Iglesia no existe. Jesús vino a morir por nosotros. Él vino a salvarnos de nuestros pecados. Él fundó su Iglesia para que las personas pudieran seguir aprendiendo sobre su Padre (en el Evangelio), comer su pan y beber su sangre (durante la santa Eucaristía), y ser perdonadas (mediante la Reconciliación).

Reunir a nuestro pueblo. Jesús no quería que practicáramos nuestra fe aislados de los demás. Siempre que predicó, lo hizo ante grupos de personas. Él reunía a la gente alrededor de sí y mandaba a que se convirtiesen los unos en sirvientes de los otros.

Enseñar al pueblo a amarse los unos a los otros. Jesús nos dio mandamiento nuevo de amar a los demás como a uno mismo. Amar a los demás como Jesús nos ama es un elemento fundamental de la condición de católico.

Ponlo en las manos de Dios. Todo cuanto Jesús hizo lo puso en manos de su Padre. Cuando nos familiarizamos con Jesús, aprendemos también acerca de Dios Padre. Cada Persona de la Trinidad vela por sobre la Iglesia que peregrina en la tierra.

Promete estar siempre con tu Iglesia. Al igual que Jesús puso la Iglesia en manos de su Padre, también prometió que nunca nos abandonaría espiritualmente aun cuando no estuviese físicamente con nosotros. Jesús incluso nos envió un abogado, el Espíritu Santo, al cual recibimos de modo especial durante nuestra confirmación.

PREGUNTAS

JORNADA DE FE

¿Qué es una iglesia?

1. **Vas a construir una iglesia, ¿qué necesitas para comenzar?**
   A) Ladrillos
   B) Mucho dinero
   C) Personas
2. **¿Qué sería lo primero que harías?**
   A) Conseguir a un contratista
   B) Cavar tú mismo los cimientos
   C) Reunir a tu gente
3. **¿Cómo puedes asegurarte de que tu iglesia sea fuerte?**
   A) Reforzándola con vigas de acero
   B) Comprando un "seguro para iglesias"
   C) Enseñándole a los tuyos a amarse los unos a los otros.
4. **¿Qué harás para proteger tu iglesia?**
   A) Contratar a un guardia armado
   B) Rodearla con un muro
   C) Ponerla en las manos de Dios
5. **¿Cómo se puede edi icar una iglesia que dure para siempre?**
   A) Usando superladrillos
   B) Contratando un equipo de mantenimiento
   C) Prometiendo estar siempre con ella

Jesús y su Iglesia

Si fuera Jesús quien contestara esas preguntas, él hubiera escogido "C" en todas ellas.

A veces cuando oímos la palabra "iglesia" pensamos en un edificio lleno con cosas que nos recuerdan a Dios o pensamos en el lugar al que vamos a rezar. Ese edificio es una iglesia con "i" minúscula, pero la Iglesia que Cristo vino a construir era una Iglesia con "I" mayúscula.

El verdadero significado de la Iglesia

El verdadero significado de la Iglesia Jesús escogió a sus apóstoles y les enseñó qué es el amor de Dios. Los estaba preparando para que construyeran la Iglesia. Cuando Jesús regresó al cielo, los apóstoles comenzaron a enseñar a otros lo que Jesús les había enseñado y reunían a la gente para adorar a Dios. Fue así como empezaron a construir la Iglesia. ¡Y a partir de ahí la Iglesia siguió creciendo! Incluso hasta hoy la Palabra de Dios se sigue transmitiendo de unos a otros.

Es por eso que la Iglesia es mucho más que un edificio. La Iglesia es más que reglas, aunque algunas reglas son necesarias. La Iglesia es más que el papa y los obispos. El verdadero significado de Iglesia es el pueblo que la compone. Toda la gente que tiene fe en Jesús. La Iglesia es una comunidad compuesta por todos los que han sido llamados a compartir la vida de Dios mediante Jesús.

A veces la gente dice que esta comunidad es una familia. Eso es porque Dios es nuestro Padre y todos nosotros somos hermanos y hermanas en la familia de Dios. Si queremos llegar a conocer a nuestra familia, tenemos que dedicar un tiempo a estar juntos. Lo mismo sucede con nuestra familia de la Iglesia. En beneficio de nuestro amor a la tarea de que ella crezca, tenemos que dedicar tiempo a la Iglesia para llegar a conocerla.

El verdadero significado de la Iglesia

Dales a los niños un par de minutos para que escriban una respuesta a la pregunta de reflexión. Pide entonces voluntarios que deseen compartir sus respuestas con el grupo. Esta es una buena oportunidad para que tú compartas algunas experiencias tuyas o permitas que los padrinos, madrinas y espónsores compartan también las suyas (si es que están presentes para la sesión).

Es por eso que vamos a misa los domingos. Es como una gran cena familiar. Todo el mundo se reúne, escucha las mismas lecturas, participa en las mismas oraciones y comparte la misma comida celestial.

¿En qué se parece tu parroquia a una familia?

El Cuerpo de Cristo

San Pablo pensaba de manera interesante acerca de la comunidad de los seguidores de Jesús. En su *Epístola a los corintios*, él llamo a la comunidad "el Cuerpo de Cristo". Puesto que una vez que Jesús ascendió al cielo ya no se encontraba físicamente en la tierra, sus seguidores tenían que ser su "cuerpo" en ella. Nosotros teníamos que ser quienes cuidáramos de los otros y les amásemos –tal como Jesús hizo.

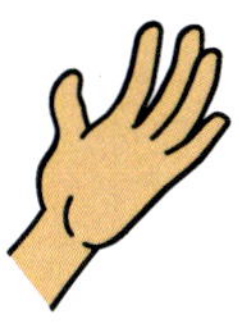

San Pablo dijo que cada uno de nosotros es como diferentes partes del cuerpo. Algunas personas son las manos de la Iglesia y son las que ayudan a los necesitados y hacen buenas obras. Otras son los oídos de la Iglesia y prestan oído a los demás con amable atención. Algunas personas son el cerebro de la Iglesia y escriben libros o ayudan a explicar las reglas.

El cuerpo necesita de todas sus partes para funcionar bien, exactamente igual que el Cuerpo de Cristo necesita a todo su pueblo para funcionar en el mundo. Nosotros nos necesitamos los unos a los otros y todos aportamos algo nuevo al Cuerpo de Cristo. Es más, la Iglesia incluso necesita de personas que ya no están con nosotros en la tierra. Todas las almas que están en el cielo y el purgatorio son parte de nuestra Iglesia también. Al conjunto de todos los miembros de la Iglesia –los vivos, los que están en el purgatorio y los que están en el cielo– le llamamos la **comunión de los santos.**

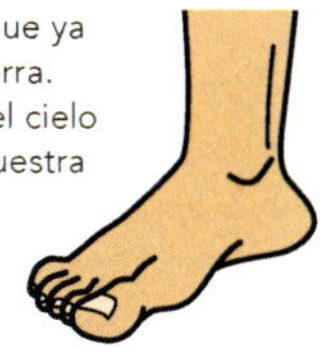

Dios nos da a todos dones que son como capacidades o talentos especiales. Se espera de nosotros que utilicemos esos dones para ayudar a edificar el Cuerpo. Quien tiene una bella voz puede ayudar a la Iglesia cantando en el coro. Quien es muy amigable puede ofrecerse voluntariamente para ser ujier. Otros pueden ser buenos arreglando cosas, así que pudieran ofrecerse como voluntarios para ayudar a hacer arreglos en el edificio de la iglesia.

¿Qué dones te dio Dios a ti?

El Cuerpo de Cristo

Dales a los niños unos pocos minutos para que respondan la pregunta de reflexión. Anímales a dedicar un minuto de oración silenciosa pidiéndole a Dios que les instruya sobre la pregunta.

Actividad final

Cuando estés próximo a concluir esta lección, deja algún tiempo para que los niños terminen la actividad final por sí solos o la completen entre todo el grupo. Recuerda a los niños que como miembros del Cuerpo de Cristo, que es la Iglesia, todos somos familiares. Así que si les resulta difícil encontrar una acción que se corresponda con uno de los indicios que se les han dado, pueden pensar en algunas formas en las que pueden ayudar o dar aliento a miembros de sus propias familias o a sus amigos. A continuación aparece una actividad sugerida a modo de ejemplo.

Yo soy las manos de Jesús cuando *sirvo a otros haciendo algunas tareas extra en el hogar o cuando doy aliento a otros con un abrazo.*

Yo soy la boca de Jesús cuando *me niego a propalar chismes sobre otros y solo digo lo que es cierto y es bueno.*

Yo soy el corazón de Jesús cuando *rezo por otros, me muestro amable con mis compañeros de clase y muestro amor por mi familia.*

Yo soy los pies de Jesús cuando *salgo al mundo y comparto mi fe con otros.*

Yo soy los ojos de Jesús cuando *veo a los demás como Jesús los ve, no como el mundo me dice que los vea.*

Nosotros somos el cuerpo de Jesús

Completa las siguientes oraciones mencionando algo que puedas hacer para ayudar a la Iglesia.

Yo soy las manos de Jesús cuando ______________________________.

Yo soy la boca de Jesús cuando ______________________________.

Yo soy el corazón de Jesús cuando ______________________________.

Yo soy los pies de Jesús cuando ______________________________.

Yo soy los ojos de Jesús cuando ______________________________.

Resumen

- Todos los católicos somos parte del cuerpo de Cristo.
- Los católicos trabajamos juntos para desempeñar importantes papeles y deberes.
- En Cristo, la Iglesia posee la plenitud de la verdad.

Jornada de Fe para Niños, Preguntas, P13 (827037)

Imprimi Potest: Stephen T. Rehrauer, CSsR, Provincial de la Provincia de Denver.

Imprimatur: "Conforme al *CIC* 827, el 13 de julio de 2017, el reverendo Mark S. Rivituso, obispo auxiliar de la archidiócesis de St. Louis, concedió el permiso de publicación. El Imprimátur es un permiso para la publicación que indica que la obra no contiene contradicciones con las enseñanzas de la Iglesia Católica, sin embargo no implica la aprobación de las opiniones que se expresan en ella. Con este permiso no se asume ninguna responsabilidad".

Jornada de Fe © 2000, 2017 Liguori Publications, Liguori, MO 63057. Para hacer pedidos, visite *Liguori.org* o llame al 800-325-9521. Liguori Publications, corporación no lucrativa, es un apostolado de los Redentoristas. Para saber más acerca de los Redentoristas visite "Redemptorists.com".

Edición del 2017: Theresa Nienaber-Panuski and Pat Fosarelli, MD, DMin.

Diseño y producción: Wendy Barnes, John Krus, Lorena Mitre Jimenez, Bill Townsend. Ilustraciones: Jeff Albrecht.

LIBROS LIGUORI

Impreso en los Estados Unidos de América.

21 20 19 18 17 / 5 4 3 2 1. Tercera edición.

Oración final

Pregunta a los niños si tienen para hoy alguna intención especial. Si todavía no les has enseñado como transmitir y responder a una petición (utilizando la solicitud y respondiendo "roguemos al Señor" y "Señor escucha nuestra oración") esta es una buena ocasión para comenzar a practicar esta tradición.

Tarea

Di a los niños que escojan una de las acciones de la actividad final que puedan desarrollar con su familia esta semana.

P14: María

Catecismo: 963–972

Objetivos

- Descubrir que María es la Madre de Dios y nuestra Madre.
- Comenzar a describir la fuerte interrelación entre Jesús y María.
- Hacer una lista de los diferentes títulos de María y explicar qué nos dicen acerca de ella.

Meditación del maestro

Lucas 1:46–55

Reflexiona sobre la lectura con la siguiente oración.

Señor, que mi vida sea exaltación de tu presencia aquí, en la tierra. Que al igual que María, sirva yo a tu pueblo con humildad y compasión. Que como una madre o un padre amantes, ame y respete yo a las jóvenes criaturas a mi cuidado al aceptarlos tal como son. Que les enseñe yo con paciencia y comprensión. Amén.

Preparación del maestro

- Lee la lección, este plan de clase, el pasaje de la Escritura y las secciones del *Catecismo.*
- Si tienes cualquier medio auxiliar relativo a María que quisieras mostrarles a los niños, organízalos *(ellos pueden incluir libros, tarjetas con oraciones, información sobre iconos o apariciones marianas, o información sobre iglesias o capillas dedicadas a María).*
- Trata de conseguir una versión de la canción de John Michael Talbot "Holy Is His Name" para la oración final.

Bienvenida

Saluda a los niños según vayan llegando. Comprueba si dispones de los materiales y artículos diversos que pudieras necesitar. Pide que hagan cualquier pregunta o comentario que tengan acerca de la sesión anterior y/o compartan con el grupo cualquier nueva información o conclusión en su poder. Comienza rápidamente.

Lectura inicial

Lucas 1:46–55

Enciende la vela y lee el pasaje en voz alta. Explica que este pasaje se conoce como el *Magnificat* de María. En este pasaje, la palabra *magnificar* significa "glorificar". Pregunta a los niños cómo glorifica María a Dios en esta oración. (Algunas respuestas pueden incluir: *ella llama "el Poderoso" al Señor, ella dice que Dios ha hecho en su favor maravillas, que Dios es poderoso y ha derribado a los poderosos de sus tronos, y que Dios ha ayudado a su siervo Israel.*)

> El papel de María con relación a la Iglesia es inseparable de su unión con Cristo, deriva directamente de ella. Esta unión de la Madre con el Hijo en la obra de la salvación se manifiesta desde el momento de la concepción virginal de Cristo hasta su muerte.
>
> *CIC 964*

María

La señora Evans dijo que la siguiente clase del RICA sería una "reunión de padres" para que las mamás y los papás vieran lo que ellos estaban aprendiendo.

"Pero yo no vivo con mi mamá", le dijo Lisa a Tomás en confianza. "Yo lo que tengo es una madrastra".

"Mi abuela es quien me cuida a mí", dijo Tomás.

La señora Evans les escuchó sin querer. "No hay problema", les dijo. "Son muchas las personas que pueden ser nuestra madre. Es más, ustedes tienen una madre muy especial en el cielo. Su nombre es María".

CIC 963-972

Una madre es alguien muy especial

Después de leer esta sección, elabora una lista o una *word web* con características que componen lo que, en el contexto de esta sección, significa ser madre.

Algunas palabras incluidas son: bondadosa, compasiva, nos escucha, atenta, gentil, alegre, feliz, piadosa, fuerte, valerosa, y muchas otras cosas.

Piadosa

Mientras discutes con el grupo el contenido de esta sección, pide a los niños que piensen en algún momento en el que tuvieron que hacer algo que les daba miedo hacer (como hacer una presentación en la escuela o ejecutar un solo ante una audiencia) pero que, sobreponiéndose al miedo, hicieron de todos modos. Si bien la decisión de María es mucho mayor que nuestros "sís" de cada día, lo cierto es que ella estaba asustada como nosotros.

Concede a los niños unos pocos minutos para que respondan las preguntas de reflexión por sí mismos. Pide voluntarios dispuestos a compartir sus respuestas con el grupo.

Es probable que María estuviese asustada. Puede que ella se haya sentido muy poca cosa o le confundiera el hecho de que Dios la hubiese escogido a ella.

Puede que nos sintamos asustados si vemos a un ángel de cerca. O puede que hasta nos resulte emocionante ver un ángel. Puede que al principio nos sintamos indignos de su visita, pero después nos sentiremos agradecidos de que Dios nos haya elegido. Puede que nos infunda valor el saber que Dios confía en nosotros.

PREGUNTAS

JORNADA DE FE

Una madre es alguien muy especial

Ser madre es un trabajo muy especial. A veces nuestra "madre" no es nuestra madre biológica. O puede que, para nosotros, "hagan de madre" nuestra mamá y otras personas. Los papás, las abuelas, las tías, las hermanas mayores e incluso las mamás de nuestros amigos pueden ser como una madre. Las madres son las personas que te cuidan, te aman y están siempre junto a ti cuando las necesitas.

Sabemos de la madre de Jesús, María, por la Biblia. María fue la muchacha que Dios escogió para ser la madre de Dios en la tierra. Cada una de las historias que hay en la Biblia sobre María, nos cuenta algo especial sobre ella.

Piadosa

El ángel Gabriel se apareció a María. "Ave María", dijo Gabriel, "Tú eres realmente bendita".

Gabriel se dio cuenta de que María estaba asustada. "No tengas miedo", dijo. "Dios te ama mucho. Tendrás un hijo. Su nombre será Jesús. Él será llamado el Hijo de Dios". María se sentía confundida. "¿Cómo puedo yo tener un bebé? Todavía no vivo con mi esposo". preguntó ella. El ángel le dijo, "Nada es imposible para Dios".

María amaba mucho a Dios. "Que sea como tú has dicho", María manifestó su acuerdo.

Lee más acerca de la visita del ángel en Lucas 1:26–38.

¿Cómo crees que se sintió María cuando el ángel vino a visitarla?

¿Cómo te sentirías tú?

Servicial

El ángel le dijo además a María que su pariente Isabel también tendría un hijito varón. María sabía que Isabel necesitaría su ayuda así que fue a visitarla y permaneció junto a ella durante tres meses.

Lee acerca de la visita de María a Isabel en Lucas 1:39–56.

¿Qué puedes tú hacer para ser servicial como María?

Humilde

Justo antes de que Jesús naciera, María fue con José, su esposo, a Belén para inscribirse en el censo. Lo estaban haciendo porque el rey quería saber cuántas personas vivían en su reino y dónde vivían. El viaje a Belén era una jornada muy larga para María.

No encontraron en Belén un lugar donde alojarse, así que María tuvo a su bebé en un establo de animales. A María no le importó porque estaba inmensamente feliz de tener a Jesús por primera vez entre sus brazos.

Lee acerca de la humildad en Lucas 2:1–21.

¿Crees que fuera difícil para María tener su bebé en un establo? ¿Por qué?

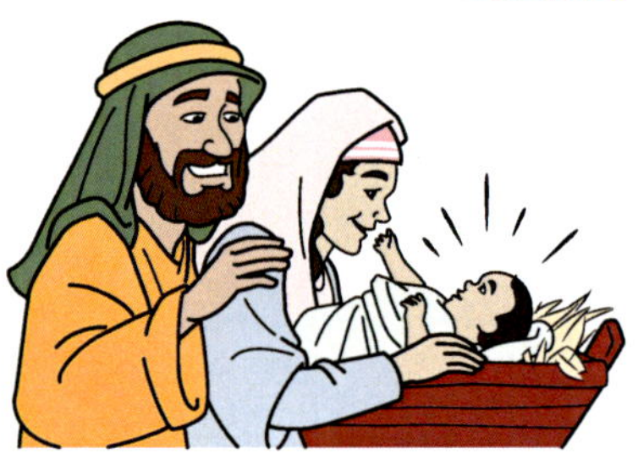

Servicial

Lee Lucas 1:39–56 en voz alta al grupo o solicita uno o varios voluntarios para que lean.

Como grupo, elabora una lista de posibles respuestas a la pregunta de reflexión.

Nosotros podemos ser serviciales como María si ayudamos a nuestros hermanitos menores o si hacemos algunos trabajos extras en la casa para ayudar a nuestros padres.

Humilde

Lee Lucas 2:1–21 en voz alta al grupo o solicita uno o varios voluntarios para que lean.

Dales a los niños un par de minutos para que piensen por sí mismos en las preguntas de reflexión y entonces discútanlas entre todos.

Valerosa

Cuando Jesús nació, un ángel se apareció a José. El ángel le dijo que el bebé estaba en peligro porque el rey Herodes tenía miedo de que Jesús le quitara su reinado cuando creciera. Por eso el rey Herodes quería matar a Jesús.

El ángel le dijo a José que llevara a Jesús y María a Egipto. María y José nunca antes habían estado allí pero confiaron en Dios y allí se fueron. Permanecieron en Egipto hasta que Dios les dijo que ya no había peligro y podían regresar a su hogar.

Lee acerca de la valentía de ellos en Mateo 2.

¿Alguna vez te has mudado a un nuevo lugar? ¿Sentiste miedo?

¿Cómo crees que María y José se hayan sentido cuando tuvieron que abandonar su hogar?

Bondadosa

Al crecer, Jesús hizo muchas cosas junto a su mamá. Una vez, en una boda en Caná, María vio que se había acabado el vino en la fiesta de bodas. Se puso triste al pensar que se iba a arruinar la fiesta y le contó a Jesús el problema.

Jesús tomó seis cántaros de piedra llenos de agua y los bendijo. El agua se convirtió en vino. Todos se quedaron pasmados. Jesús realizó este primer milagro ante la bondadosa petición de María.

Lee acerca del milagro en Juan 2:1–12.

¿Alguna vez has hecho algo porque alguien creyó en ti?

Fiel

Después de morir Jesús en la cruz, sus discípulos sintieron miedo. Les preocupaba que quisieran matarlos también a ellos, así que huyeron. Pero María no huyó, se quedó junto a Jesús. Ella no lo abandonó a pesar de que fue duro para ella verlo morir. Jesús también amaba a su madre. Él le pidió al "discípulo amado" que cuidara de ella.

Lee acerca de la fidelidad en Juan 19:25–27.

¿Crees que tú hubieras permanecido junto a Jesús?

María en el cielo

Ahora María está en el cielo con Jesús. Ella vela por todos los hijos de Dios tal como cuidó de Jesús. María vela por nosotros cuando escucha nuestras oraciones y le cuenta de ellas a Dios. Cuando necesites ayuda le puedes pedir a María que rece por ti y te tenga presente.

Cuando le rezamos a María, no la estamos adorando. Nosotros solo adoramos a Dios. Le rezamos a María porque ella es muy cercana a Dios. La honramos por la vida que llevó y porque fue la madre de Jesús. Nosotros tratamos de imitar a María porque llevó una vida muy cercana a Dios y porque nosotros queremos vivir así también.

Valerosa

Lee Mateo 2 en voz alta al grupo o solicita uno o varios voluntarios para que lean.

Deja que los niños respondan a la preguntas de reflexión por sí mismos, o que hablen con un compañero sobre sus respectivas respuestas.

Bondadosa

Lee Juan 2:1–12 en voz alta al grupo o solicita uno o varios voluntarios para que lean.

Da tiempo a los niños para que respondan las preguntas de reflexión por sí mismos.

Fiel

Lee Juan 19:25–27 en voz alta al grupo o solicita uno o varios voluntarios para que lean.

Da tiempo a los niños para que respondan las preguntas de reflexión por sí mismos.

¿Cómo es una madre?

Las palabras que aparecen a continuación describen a una madre. Ordena las letras que componen cada una de ellas y después usa las señaladas con una estrella para encontrar la palabra oculta.

HDULMIE ___ ___ ___★ ___ ___ ___ ___

SVOALAER ___ ___ ___ ___ ___ ___ ___ ___★

CLSEIIRVA ___ ___ ___★ ___ ___ ___ ___ ___ ___

OIDASPA ___ ___★ ___ ___ ___ ___ ___

DBOANADSO ___ ___ ___ ___ ___★ ___ ___ ___ ___

La palabra oculta es: ___ ___ ___ ___ ___

Resumen

- María es la Madre de Dios y nuestra Madre.
- Entre Jesús y María hay una fuerte interrelación.
- Los diferentes títulos de María nos dicen quién es ella para nosotros.

Jornada de Fe para Niños, Preguntas, P14 (827037)

Imprimi Potest: Stephen T. Rehrauer, CSsR, Provincial de la Provincia de Denver.

Imprimatur: "Conforme al *CIC* 827, el 13 de julio de 2017, el reverendo Mark S. Rivituso, obispo auxiliar de la archidiócesis de St. Louis, concedió el permiso de publicación. El Imprimátur es un permiso para la publicación que indica que la obra no contiene contradicciones con las enseñanzas de la Iglesia Católica, sin embargo no implica la aprobación de las opiniones que se expresan en ella. Con este permiso no se asume ninguna responsabilidad".

Jornada de Fe © 2000, 2017 Liguori Publications, Liguori, MO 63057. Para hacer pedidos, visite *Liguori.org* o llame al 800-325-9521. Liguori Publications, corporación no lucrativa, es un apostolado de los Redentoristas. Para saber más acerca de los Redentoristas visite "Redemptorists.com".

Edición del 2017: Theresa Nienaber-Panuski and Pat Fosarelli, MD, DMin.

Diseño y producción: Wendy Barnes, John Krus, Lorena Mitre Jimenez, Bill Townsend. Ilustraciones: Jeff Albrecht.

Impreso en los Estados Unidos de América.

21 20 19 18 17 / 5 4 3 2 1. Tercera edición.

Actividad final

Al acercarte al final de esta sesión, reserva algún tiempo para que los niños terminen por sí mismos la actividad final. Si los niños necesitan tiempo para recomponer una palabra, anímalos a buscar en la lección impresa. Las respuestas aparecen a continuación.

HDULMIE H U M I L D E

SVOALAER V A L E R O S A

CLSEIIRVA S E R V I C I A L

OIDASPA P I A D O S A

DBOANADSOA B O N D A D O S A

La palabra oculta es: **M A R I A**

Oración final

Atenúa la iluminación y escuchen las palabras del Magnificat en la canción "Holy Is His Name" de John Michael Talbot. Si no dispones de la canción, recen el Avemaría.

Tarea

Pide a los niños que esta semana dirijan el rezo del Avemaría cuando la familia se siente a la mesa.

P15: Los santos

Catecismo: 946–59; 2683–84

Objetivos

- Definir la canonización como el proceso oficial para la proclamación de un santo.
- Descubrir que los santos no siempre fueron perfectos.
- Describir a los santos como miembros de la Iglesia que nos ayudan desde el cielo.

Meditación del maestro

Oración

Señor Jesús, yo recuerdo tu promesa, "No los dejaré huérfanos". Has enviado a tu Espíritu Santo para que esté con nosotros, nos guíe y nos conduzca al cielo. Todos los que están llenos de tu Espíritu están con nosotros en la comunión de los santos. Concédeme que yo pueda siempre reconocer su presencia y que su ejemplo me guíe hacia la santidad. Ayúdame a estimular a los chicos que están a mi cuidado para que busquen y sigan a aquellos que has enviado para enseñarnos y guiarnos. Amén.

Preparación del mestro

- Leer la lección, este plan de clase y las secciones del *Catecismo.*
- Consigue libros y otros medios sobre la vida de los santos (como Butler's *Lives of the Saints*) que te sean útiles para la lección y la actividad, aunque sea tan solo para mostrarlos y explicar a los niños sobre los santos. La serie *The Saints and Me* de Liguori es otro buen medio auxiliar y es perfecto para los niños. Valora la posibilidad de comprar un libro especial para cada niño o una colección escolar para utilizarla como medio auxiliar.
- Busca datos sobre santos cada uno de cuyos nombres lleva algún niño o niña de tu clase. Escribe ese nombre en una tarjeta o en un pósit que entregarás a cada niño (pudieras incluso utilizar credenciales).
- Familiarízate con el vocabulario de esta lección: canonización, festividad, santo patrón, seminario. Las definiciones las puedes encontrar en el glosario de esta guía.

Bienvenida

Saluda a los niños según vayan llegando. Comprueba si dispones de los materiales y artículos diversos que pudieras necesitar. Pide que hagan cualquier pregunta o comentario que tengan acerca de la sesión anterior y/o compartan con el grupo cualquier nueva información o conclusión en su poder. Comienza rápidamente.

Lectura inicial

En vez de una lectura de la Escritura, selecciona una historia de la vida de un santo. Enciende la vela y lee la historia de este santo especial al grupo (trata de seleccionar un santo joven para ayudar a los niños o aplicar la historia a sus propias vidas). Pregunta después a los niños qué fue lo que les pareció más notable de la historia que acaban de leer.

Los testigos que nos han precedido en el Reino, especialmente los que la Iglesia reconoce como "santos", participan en la tradición viva de la oración, por el modelo de su vida, por la transmisión de sus escritos y por su oración actual.

CIC 2683

P15 PREGUNTAS

Los santos

"Cuando yo crezca podré correr bien rápido, como mis atletas favoritos", dijo Terrence.

"¡Yo quiero poder encestar la pelota desde la línea de tres puntos!" dijo Tomás mientras saltaba en el aire y hacía como que tiraba al cesto.

"Yo tengo posters de todos mis jugadores favoritos en mi cuarto. ¡Así los puedo ver y recordar que tengo que practicar! Estoy mejorando bastante", sonrió Terrence.

NIÑOS

CIC 946–59; 2683–84

Los santos

Después de leer la historia, dales a los niños un tiempo para responder las preguntas de reflexión por sí mismos.

Escoge tus héroes

Al comenzar esta sección, dales a los niños unos minutos para que mencionen a alguien que consideren un héroe (no tiene que ser una figura religiosa) y digan por qué le seleccionaron.

Dales a los niños tiempo para completar la pregunta de reflexión por sí mismos. Circula entonces entre ellos y pide que cada niño diga al grupo una de las características que piensa que define lo que es ser un santo. Elabora con esas respuestas una lista que todos puedan ver.

¿En qué estás tratando de llegar a ser realmente bueno?

¿Cómo practicas?

Escoge tus héroes

¿Disfrutas viendo los Juegos Olímpicos? ¿Tienes un atleta favorito? ¿Un deporte?

Los atletas no nacen siendo formidables en sus deportes. Ellos pasan años aprendiendo y practicando. Ellos leyeron sobre otros atletas. Practican. Hace falta mucha práctica para estar listos para los Juegos Olímpicos.

Para prepararse, los atletas siguen el ejemplo de otros grandes atletas. Miran videos de los juegos. Estudian todos los movimientos. Corrigen sus errores. Vuelven a practicar. Si tú quieres destacarte en algo, haces lo mismo. Primero aprendes cómo se juega. Entonces te informas sobre los mejores en eso. Después practicas hasta que mejoras y entonces sigues practicando.

Dios tiene también un equipo de atletas especiales que lo aprendieron todo acerca de Dios. Ellos siguieron el ejemplo de Jesús. Estudiaron las vidas de otros hombres de Dios. A veces cometieron errores. No nacieron perfectos y santos, pero todos ellos amaban a Dios. Así que siguieron practicando. A esos atletas benditos les llamamos **santos**.

¿Qué significa para ti la palabra "santo"?

Cuando la Iglesia declara santo a alguien, se dice que se le ha canonizado. La **canonización** es el modo con que cuenta la Iglesia para expresar que alguien ha llevado una vida tan santa que quienes quieran vivir así deben inspirarse en él o ella. Sobre estos santos se puede leer en libros para estudiar sus vidas.

La Iglesia no conoce a todos los santos. ¡Puede que tengas un santo viviendo en la casa de al lado! Puede que hasta un pariente tuyo sea un santo. Estos santos que todavía viven son personas que aman a Dios, creen en Jesús y llevan, cada día, una vida santa, llena de amor y generosidad.

¿Conoces a alguien que pudiera ser un santo? ¿Quién?

Los santos nos ayudan desde el cielo

Los santos canonizados tienen días de fiesta. Una **fiesta** es un día especial del año que ha sido escogido para celebrar la vida de un santo específico. Por ejemplo, la fiesta de san Francisco de Asís es el 4 de octubre, el de santa María Magdalena es el 22 de julio.

En el día de la fiesta de un santo, o en cualquier otro día del año, le pedimos a ese santo que nos ayude a llevar una vida santa. Algunos santos reciben el nombre de **santo patrono** de algo o de un grupo de personas. Podemos rezarles a esos santos pidiendo alguna ayuda específica. Podemos rezarle a santo Tomás de Aquino pidiéndole ayuda para una prueba porque él es el santo patrón de los estudiantes.

A algunas personas les han puesto el nombre de algún santo. ¿Es ese tu caso? Busca tu nombre en la red o en algún libro del tipo de *Lives of the Saints* para ver qué santos tienen tu nombre.

¿Tienes tú el nombre de algún santo?

¿A qué santo patrón te gustaría rezarle?

Algunos santos de los que hablaremos

Santa Teresa de Lisieux: La Florecita de Jesús
De niña, Teresa quería servir a Dios. Teresa se hizo monja y vivió en un convento. Su vida en el convento no siempre fue fácil, a veces las otras monjas no fueron buenas con ella. Sin embargo, Teresa nunca las trató así; de hecho, todos los días tenía hacia ellas pequeños actos de amabilidad.

San Juan Bosco: Patrón de los huérfanos
A los dieciséis años, Juan Bosco entró al **seminario**, una escuela especial para los niños que quieren convertirse en sacerdotes. Cerca del seminario, había una gran cantidad de niños pobres, sin hogar y huérfanos. Juan quería ayudarles. Los llevó a su propia casa, los alimentó y les enseñó el amor de Dios. Se convirtió en el padre de cientos de huérfanos que habían sido olvidados por el mundo.

Santo Domingo Savio: Patrón de los miembros de coros

Siendo incluso tan chiquito como desde los 12 años, Domingo siempre supo cuándo las personas necesitaban ayuda. Él ayudaba a los pobres y los sin techo. Fundó la Compañía de la Inmaculada Concepción, un grupo de niños que vivían en la casa de san Don Bosco y ayudaban a cuidar de los huérfanos. Domingo murió cuando tenía solo 15 años pero todo el tiempo que estuvo en la tierra lo dedicó a servir a los demás.

¡Tú también puedes ser santo!

- Aprende todo lo que puedas sobre Dios y la santidad.
- Escucha las enseñanzas de Jesús y sigue su ejemplo.
- Lee sobre la vida de los santos para descubrir qué los hace grandes.
- Imita a los santos vivos que tú conoces.
- Reza a Dios para que te ayude.
- Pídele a tu santo favorito que te acompañe en tus rezos.

PREGUNTAS

JORNADA DE FE

Los santos nos ayudan desde el cielo

Analicen entre todos la primera pregunta de reflexión y empieza por pedir que quien sepa que tiene el nombre de un santo o santa levante su mano. Si el grupo es suficientemente pequeño (o dispones de suficiente tiempo) puedes mencionarle a cada niño un santo o una santa cuyo nombre lleva. Si preparaste una tarjeta para cada niño, distribúyelas ahora.

Deja que los niños contesten solos la segunda pregunta de reflexión. Circula por la habitación y observa lo que los niños escriben. Ten presente las respuestas repetidas y busca un santo patrono para adoptarlo antes de la próxima sesión.

Algunos santos de los que hablaremos

Lee acerca de cada uno de los santos que aparecen mencionados aquí. Si tienes tiempo, puede que desees leerles más acerca de esos santos de lo que se ha cubierto en este material (ver "Preparación del maestro" para algunos libros que sugerimos.)

Actividad final

Si se te agota el tiempo, esta es una actividad que resulta perfecta para que los niños la realicen en casa (especialmente si deben elegir un nombre para su confirmación). Si no se dispone de tiempo para que los niños terminen la actividad en la clase, ten a mano libros sobre santos que puedas poner a disposición de los niños para que investiguen sobre otros que todavía no conocen.

SANTOS PATRONOS

¿Quién es tu santo patrono o tu santa patrona? Escribe aquí su nombre. Si puedes, consigue una foto de tu santo y pégala aquí. Si no puedes encontrar una foto, ¡tú puedes dibujarlo o dibujarla!

Piensa en los santos que tú conoces. Pueden ser santos canonizados o santos que están todavía vivos. En cada una de las categorías que aparecen a continuación, menciona a uno o una a quien le darías la medalla de oro. Debajo de sus nombres, escribe por qué piensas que merecen la medalla de oro.

Medalla de oro por actos de bondad:

Medalla de oro por escuchar a Dios:

Medalla de oro por saber perdonar:

Resumen

- La canonización es el proceso oficial para la proclamación de un santo.
- Los santos no siempre fueron perfectos.
- Los santos nos ayudan desde el cielo.

Jornada de Fe para Niños, Preguntas, P15 (827037)

Imprimi Potest: Stephen T. Rehrauer, CSsR, Provincial de la Provincia de Denver.

Imprimatur: "Conforme al *CIC* 827, el 13 de julio de 2017, el reverendo Mark S. Rivituso, obispo auxiliar de la archidiócesis de St. Louis, concedió el permiso de publicación. El Imprimátur es un permiso para la publicación que indica que la obra no contiene contradicciones con las enseñanzas de la Iglesia Católica, sin embargo no implica la aprobación de las opiniones que se expresan en ella. Con este permiso no se asume ninguna responsabilidad".

Jornada de Fe © 2000, 2017 Liguori Publications, Liguori, MO 63057. Para hacer pedidos, visite *Liguori.org* o llame al 800-325-9521. Liguori Publications, corporación no lucrativa, es un apostolado de los Redentoristas. Para saber más acerca de los Redentoristas visite "Redemptorists.com".

Edición del 2017: Theresa Nienaber-Panuski and Pat Fosarelli, MD, DMin.

Diseño y producción: Wendy Barnes, John Krus, Lorena Mitre Jimenez, Bill Townsend. Ilustraciones: Jeff Albrecht.

Impreso en los Estados Unidos de América.

21 20 19 18 17 / 5 4 3 2 1. Tercera edición.

Oración final

Escoge una oración escrita por el santo acerca del cual leíste en la sección "Lectura inicial". Si no encuentras una, puedes leer esta oración de santa Teresa de Lisieux, "la Florecita", o seguir las sugerencias del grupo.

¿Mas cómo habré de demostrar mi amor, siendo como es que el amor da prueba de sí mediante las obras?...No hay para mí otro camino para demostrarlo que esparcir flores ante Ti –es decir, no desaprovecharé ningún sacrificio por minúsculo que sea, ninguna mirada ni ninguna palabra. Aprovecharé toda oportunidad de ofrendarte los actos más pequeños y los realizaré por Amor. Quiero sufrir por Amor y quiero incluso por Amor regocijarme: así te arroparé con flores.

Tarea

Esta semana los niños deberán investigar acerca de un santo con sus padres. Anímalos a profundizar en su investigación rezando las oraciones favoritas del santo o haciendo un plato típico de su país.

P16: ¿Qué es la vida después de la muerte?

Catecismo: 675–682, 988–1001, 1020–1065

Objetivos

- Distinguir entre el cielo y el infierno, los dos únicos resultados eternos.
- Definir el purgatorio como una purificación final que prepara para acceder al cielo.
- Comenzar a diferenciar entre el juicio particular y el Juicio Final.

Meditación del maestro

Lucas 18:8

Al prepararte para esta lección, haz tu propio examen de conciencia y evalúa en qué punto te encuentras en la jornada de convertirte "santo como Él es santo" para así heredar la vida eterna.

Preparación del maestro

- Lee la lección, este plan de clase y las secciones del *Catecismo*. Esto puede ayudarte a responder las preguntas acerca de la doctrina católica sobre el arrebato u otras variaciones sobre los "últimos tiempos".
- Consigue materiales de artes manuales y papel extra para la actividad final.
- Familiarízate con el vocabulario de esta lección: juicio particular, cielo, infierno, purgatorio, Juicio Final. Las definiciones de hallan en el glosario de esta guía.

Bienvenida

Saluda a los niños según vayan llegando. Comprueba si dispones de los materiales y artículos diversos que pudieras necesitar. Pide que hagan cualquier pregunta o comentario que tengan acerca de la sesión anterior y/o compartan con el grupo cualquier nueva información o conclusión en su poder. Comienza rápidamente.

Lectura inicial

Lucas 18:8

Enciende la vela y lee en voz alta. Después de leer, deja que transcurra un minuto en silencio y entonces recibe con beneplácito los comentarios y preguntas que surjan. Antes de comenzar la discusión de la lección impresa, pide a los participantes que piensen lo que significan los términos "justicia" o "decisión justa".

> Cristo es Señor de la vida eterna. El pleno derecho de juzgar definitivamente las obras y los corazones de los hombres pertenece a Cristo como Redentor del mundo.
>
> *CIC 679*

P16 PREGUNTAS

¿Qué es la vida después de la muerte?

"¿Qué pasa cuando nos morimos?" preguntó Tanya. "¿Solo vamos al cielo con otros católicos? ¿Y qué hay de las personas que no creen en nada? ¿O de las personas que hacen cosas malas?"

"Esas son preguntas serias", contestó la señora Evans. "Nadie sabe exactamente qué pasa cuando morimos pero la Iglesia nos ayuda a prepararnos y nos enseña cómo será la vida eterna".

NIÑOS

CIC 675–82; 988–1001; 1020–65

¿Qué es la vida después de la muerte?

Después de que leas la historia de hoy, dales tiempo a los niños para que respondan la pregunta de reflexión. Ellos pueden escribir sus respuestas o dibujar el cielo en una hoja de papel. Solicita voluntarios que compartan sus dibujos o respuestas con el grupo.

¿Qué sucede cuando alguien muere?

Busca en el vocabulario las palabras "juicio particular" y pregunta a los niños qué significa "particular". Pídeles entonces que unan esa definición con la definición que dieron de "decisión justa" en la pregunta de la "Lectura inicial" para formular entre todo el grupo una definición de "juicio particular". Aclara cualquier malentendido que se pueda presentar mientras vas leyendo la sección.

Si deseas continuar la conversación, también puedes preguntar a los niños qué diferencia creen que existe entre el juicio de Dios y el juicio humano que se hace en la tierra.

El juicio de Dios es siempre justo. Dios lo sabe todo, incluso nuestros pensamientos y motivaciones más reservados. El juicio humano no siempre se formula en el mejor interés de todos. Los humanos no podemos conocer los pensamientos ni los criterios de otras personas. Sin embargo, ya que Dios nos concede la gracia de aceptar la virtud del juicio justo, algunos juicios sobre lo bueno y lo malo pueden ser justos y correctos.

Según vayas discutiendo las tres consecuencias del juicio particular, haz hincapié en que una persona solo va al infierno si rechaza de plano a Dios. No vamos al infierno por cuestiones accidentales ni por cometer errores de los cuales estamos verdaderamente arrepentidos y de los cuales somos perdonados en la reconciliación.

¿Cómo te imaginas el cielo?

¿Qué descripciones del cielo has oído?

¿Qué sucede cuando alguien muere?

La muerte puede ser triste, y hasta puede dar miedo, pero Jesús nos ayuda a enfrentar la muerte con valor. Jesús venció a la muerte cuando resucitó de entre los muertos en el primer domingo de Pascua. Él quiere que confiemos en el regalo de vida eterna que recibimos con el bautismo.

Después de la muerte llega nuestro **juicio particular**. Es entonces que Dios revisa nuestra vida. Dios juzga si en vida aceptamos y compartimos sus dones de amor y misericordia. Nosotros recibimos el amor de Dios creyendo en él, amándole y siendo buenos con los demás.

Después de nuestro juicio particular, tres cosas pudieran suceder:

1. Vamos derecho al cielo.
2. Vamos al purgatorio para prepararnos para entrar al cielo.
3. Rechazamos a Dios y vamos para el infierno.

¿Qué es el cielo?

El **cielo** es la dicha total, completa y definitiva (*CIC* 1024). En el cielo, celebramos jubilosamente la unión con el Padre, el Hijo y el Espíritu Santo, María y todos los santos, y toda nuestra familia y amigos.

La Escritura y la tradición utilizan diferentes imágenes para describir el cielo:

- una ciudad celestial (Apocalipsis 21:2)
- un espléndido banquete de bodas (Mateo 22:1–14)
- un hermoso paraíso (Lucas 23:43)

Incluso esas bellas imágenes no son más que un indicio de la deslumbrante belleza y la extraordinaria felicidad del cielo. La verdadera belleza del cielo sobrepasa el entendimiento humano (*CIC* 1027).

¿Qué es el infierno?

El cielo es un lugar donde estamos completamente rodeados por el amor de Dios. El **infierno** es un lugar del que Dios está ausente. Los que dicen no al amor de Dios y rechazan su misericordia, terminan en el infierno. Dios no quiere que nadie vaya al infierno pero no nos fuerza a amarle si no queremos. Lo peor del infierno es que estaremos eternamente separados de Dios, que tanto nos ama.

Podemos unirnos al ruego de la Iglesia por que "nadie se pierda" en el infierno (*CIC* 1058).

¿Por qué es malo estar separado del amor de Dios?

¿Qué es el cielo?

Deja que los niños respondan por sí mismos la pregunta de reflexión utilizando lo que acaban de aprender en esta sección acerca de lo que la Iglesia enseña acerca del cielo.

Pregunta a los estudiantes si sus ideas cerca del cielo han cambiado a partir del comienzo de la clase. Si ha sido así, ¿cómo han cambiado? Si no han cambiado, ¿qué sigue igual y por qué?

¿Qué es el infierno?

Discutan en el grupo la pregunta de reflexión. Si los niños necesitan que se les dé algún indicio para poder responder la pregunta, pregúntales qué cosas nos regala el amor de Dios (*gracia, valor, indicaciones para vivir una vida como la de Jesús, liberación del pecado, vida eterna, y muchas otras cosas*) y qué sería la vida sin esas cosas. Entonces vuelve a hacerles la pregunta de reflexión.

¿Qué es el purgatorio?

No todo el que muere amando a Dios está listo para entrar al cielo. Algunos de nosotros necesitamos pasar un tiempo más preparándonos para ello. El **purgatorio** es un lugar en el que nos purificamos para entrar entonces al cielo. El paso por el purgatorio nos purifica y santifica para unirnos a Dios y los santos en el cielo.

Si en la tierra seguimos a Jesús, el Espíritu Santo nos va purificando del pecado mientras vivimos. Cuando alguien muere antes de que el Espíritu Santo haya terminado esa labor, esa persona va al purgatorio. Todos los que están en el purgatorio van finalmente al cielo. Nosotros podemos ayudarles en su tránsito rezando y sacrificándonos por ellos.

UNA ORACIÓN

Reza esta oración por algún fallecido a quien conozcas y ames:

Concede, oh, Señor a [nombre] el descanso eterno y brille para [él/ella] la luz perpetua.
Y que las almas de todos los fieles difuntos descansen en paz por la misericordia de Dios.
Amén.

¿Qué pasará cuando Jesús regrese?

Este mundo no es eterno como el cielo. Llegará el momento en que el mundo desaparecerá. Cuando se termine el mundo, Jesús volverá. En su primera venida, Jesús llegó humildemente, como un bebé. Vivió una vida de servicio y murió por nosotros en la cruz. En su segunda venida, Jesús vendrá con gran gloria y poder. Lo acompañarán los ángeles y los santos. Todos reconocerán a Jesús como el Señor y el Rey del universo. No sabemos cuándo regresará Jesús, pero él nos prometió que lo haría.

Cuando Jesús vuelva, nuestras almas y nuestros cuerpos vivirán para siempre con Dios. Dios transformará nuestros cuerpos físicos en creaciones nuevas y bellas que nunca se enfermarán ni morirán. Incluso los cuerpos de quienes ya están muertos resucitarán como nuevos.

Después de la resurrección de los muertos viene el **Juicio Final**. Cada persona que una vez vivió será juzgada y veremos las consecuencias de cada buena o mala acción realizada. Jesús juzgará cada mala acción y recompensará por cada buena obra.

ACTIVIDAD

Anota tres buenas obras que puedes hacer esta semana por otra persona.

1. ______________________________

____

____

2. ______________________________

____

____

3. ______________________________

____

____

PREGUNTAS JORNADA DE FE

¿Qué es el purgatorio?

Según vayas analizando esta sección, pon énfasis en que la mayoría de las personas probablemente vayan al purgatorio porque muy pocos de nosotros estamos desde la tierra listos para entrar al cielo.

Si a los niños les resulta difícil el concepto de purgatorio, puedes compararlo con otras cosas para las que tenemos que prepararnos aquí en la tierra. Por ejemplo, hay que pasar por la junior high school para pasar a la senior high school, o tienen que aprender las nociones básicas de la música antes de poder interpretar un solo.

¿Qué pasará cuando Jesús regrese?

Dales tiempo a los niños para que terminen la actividad de reflexión por sí mismos o con un compañero. Circula por el salón y pide a cada niño (o par de niños) transmitir al grupo una de las buenas acciones de su lista.

Actividad final

Dales tiempo a los niños para que antes de terminar la sesión trabajen en la actividad final. Diles que pueden utilizar los materiales para trabajos manuales y el papel extra que les has traído. Estimula a los estudiantes para que en sus trabajos manuales incluyan elementos de lo tratado en la clase de hoy. En el cielo puede haber muchas flores (como la celebración nupcial en Mateo 22:1–14), el purgatorio puede tener un reloj (como en un salón de espera) y el infierno puede ser oscuro (alejado de la luz de Dios). Mientras los niños trabajan, circula por el salón para ver lo que van creando. Pudieras incluso colocar algunas de estas obras en el salón o en alguna otra parte del recinto parroquial para así compartirlas con los fieles.

¿Qué aspecto tienen?

Usa lo que aprendiste hoy y haz un dibujo de cómo piensas que son el cielo, el purgatorio y el infierno.

El cielo

El purgatorio

El infierno

Resumen

- Estar en el cielo significa estar con Dios.
- El purgatorio es un lugar en el que nos purificamos.
- Existen el juicio particular y el Juicio Final.

Jornada de Fe para Niños, Preguntas, P16 (827037)

Imprimi Potest: Stephen T. Rehrauer, CSsR, Provincial de la Provincia de Denver.

Imprimatur: "Conforme al *CIC* 827, el 13 de julio de 2017, el reverendo Mark S. Rivituso, obispo auxiliar de la archidiócesis de St. Louis, concedió el permiso de publicación. El Imprimátur es un permiso para la publicación que indica que la obra no contiene contradicciones con las enseñanzas de la Iglesia Católica, sin embargo no implica la aprobación de las opiniones que se expresan en ella. Con este permiso no se asume ninguna responsabilidad".

Edición del 2017: Theresa Nienaber-Panuski and Pat Fosarelli, MD, DMin.

Diseño y producción: Wendy Barnes, John Krus, Lorena Mitre Jimenez, Bill Townsend. Ilustraciones: Jeff Albrecht.

LIBROS LIGUORI

Impreso en los Estados Unidos de América.

21 20 19 18 17 / 5 4 3 2 1. Tercera edición.

Oración final

Dirige a los niños en la lectura de la oración que está en la lección impresa. Si hubiera entre los fieles de la parroquia algún fallecido por el que orar, menciona su nombre. De lo contrario, usa simplemente "ellos" en los espacios que aparecen en blanco en la oración.

Concede, oh, Señor a [nombre] el descanso eterno

y brille para [él/ella] la luz perpetua.

Y que las almas de todos los fieles difuntos

descansen en paz por la misericordia de Dios. Amén.

Tarea

Pide a los niños que sean ellos quienes, antes o después de la comida, dirijan a su familia en la oración que aparece en la lección impresa que se les entregó (la que utilizaste para tu oración final). Pueden rezarla especialmente por alguna persona conocida que haya muerto o por todas las almas del purgatorio.

Jornada de Fe para niños
Glosario alfabético de Preguntas

acólito: Ayuda en el altar durante las liturgias. Lleva la cruz o las velas procesionales, sostiene el libro para el celebrante cuando ello es necesario. Lleva el incienso y el incensario; presenta el pan, el vino y el agua durante la preparación de los dones; lava las manos del sacerdote y realiza cualquier otra tarea que sea necesaria. Los acólitos pueden ser hombres o mujeres pero tienen que haber recibido su primera Comunión antes de participar como acólitos.

Adviento: El comienzo del año litúrgico. Comienza el cuarto domingo anterior a la Navidad y finaliza antes del primer rezo vespertino de Navidad, en el día de Nochebuena. Este tiempo hace hincapié en la llegada (advenimiento) de Jesucristo, la alegría, la esperanza, el arrepentimiento, la expectativa y la preparación. La primera parte del tiempo de Adviento da particular realce a su Segunda Venida al final de los tiempos, y la segunda parte (diciembre 17 al 24) enfatiza en que, con su nacimiento, Jesús hace su entrada a la historia humana.

agua bendita: Agua que es bendecida por un sacerdote para su uso por los católicos. Se usa más frecuentemente para hacer sobre uno mismo la señal de la cruz. El agua bendita es una rememoración del bautismo y una limpieza espiritual simbólica.

alba: Palabra latina que significa "blanco". Esta larga vestidura simboliza la total pureza que debe revestirnos cuando nos acercamos a Dios. La visten el celebrante (sacerdote), el diácono e incluso quienes sirven como lectores, monaguillos, acólitos y otros ministros laicos.

aleluya: Palabra que significa "alabad al Señor" en hebreo; esta palabra se utiliza frecuentemente durante el tiempo pascual y se recita o canta antes de la lectura del Evangelio (excepto durante la Cuaresma) para enfatizar la presencia de Jesús en la Palabra de Dios.

altar: La mesa central en la cual el pan y la copa de vino de la Comunión son ofrecidos como sacrificio eucarístico. El altar "representa los dos aspectos de un mismo misterio: el altar del sacrificio y la mesa del Señor" (*CIC* 1383).

ambón: Púlpito elevado desde el que se proclama la Escritura durante la misa.

año litúrgico: Comienza el primer domingo de Adviento, continúa con el tiempo de Navidad, el Tiempo Ordinario, la Cuaresma, el Triduo Pascual, el tiempo de la Pascua y, finalmente, el Tiempo Ordinario. Este calendario "desarrolla todo el misterio de Cristo" (Constitución sobre la Sagrada Liturgia [*Sacrosanctum Concilium*], 102) (ver **Adviento, Navidad, Tiempo ordinario, Cuaresma, Triduo, Pascua**).

Antiguo Testamento: Contiene cuarenta y seis libros escritos en hebreo entre los años 900 y 160 a.C. Comprende libros con propósitos diferentes: históricos, morales y proféticos. Estos libros son un registro de la relación de Dios con los israelitas, "el Pueblo Elegido", y de las respuestas de ellos al plan divino.

arquidiócesis: Una gran diócesis al frente de la cual está un arzobispo.

arzobispo: Obispo al frente de una arquidiócesis.

banco: Asiento alargado en el que se sientan los fieles durante la misa. Todos los bancos de la Iglesia deben mirar al altar.

Bautismo: Sacramento de la Iglesia Católica que borra el pecado original y convierte a la persona en miembro del Cuerpo de Cristo, la Iglesia.

Biblia: Llamada también la Sagrada Escritura o las Escrituras. Es una colección de libros aceptados por la Iglesia como el relato inspirado y auténtico de la autorrevelación de Dios y su plan de salvación para la raza humana. Se divide en Antiguo Testamento y Nuevo Testamento (ver **Antiguo Testamento** y **Nuevo Testamento**).

candidato: Alguien ya bautizado en la fe cristiana que procura convertirse en miembro pleno de la Iglesia Católica.

canonización: Declaración final del papa que proclama que una persona es santa, está en el cielo y es digna de veneración por todos los fieles. Este paso es normalmente precedido por la beatificación y la autentificación de dos milagros atribuidos a él o ella por la Iglesia.

cantor: Miembro del coro de la iglesia que lidera el canto de la congregación.

cardenal: Al describir a los cardenales, la ley canónica dice que "constituyen un Colegio peculiar, al que compete proveer a la elección del Romano Pontífice... los Cardenales asisten al Romano Pontífice, tanto colegialmente... como personalmente, mediante los distintos oficios que desempeñan, ayudando sobre todo al Papa" (Canon 349). El cardenalato es un título honorífico y los cardenales son generalmente obispos.

casa del párroco: Vivienda del párroco o los párrocos que sirven en una parroquia.

casulla: La vestidura más exterior de las usadas por el sacerdote durante la celebración de la misa.

Catecismo (de la Iglesia Católica): Un resumen o manual que contiene los fundamentos de la doctrina cristiana. La redacción del *Catecismo de la Iglesia Católica* fue encomendada por el papa, a petición del sínodo de los obispos, a una comisión que debía "presentar fiel y orgánicamente la enseñanza de la Sagrada Escritura, de la Tradición viva de la Iglesia y del Magisterio auténtico" (*Fidei Depositum*).

catecumenado: El periodo de participación e instrucción en la fe católica que sirve de preparación para el bautismo de los adultos o para la recepción de los bautizados no católicos. Las personas que se preparan para recibir el bautismo y para la admisión en la Iglesia, reciben el nombre de catecúmenos.

catecúmeno: Persona no bautizada que procura convertirse en miembro pleno de la Iglesia Católica.

catequista: Alguien que instruye y forma a otros en la fe católica, ya sea en su preparación para el bautismo o en la instrucción y formación permanentes de aquellos que ya están bautizados.

centro parroquial: Edificio del campus de la parroquia en el que se atienden las cuestiones cotidianas de la parroquia.

cielo: La vida eterna junto a Dios y los santos. El cielo es la meta suprema de la vida humana.

Cirio Pascual: Vela de gran tamaño que simboliza la resurrección del Salvador, la Luz del Mundo. Se le bendice el Sábado Santo y permanece encendida durante todos los servicios litúrgicos del tiempo pascual.

Comunión: Recibe también el nombre de Santa Eucaristía. Este es el sacramento de la Iglesia Católica en el que los creyentes reciben la presencia real de Jesucristo en las formas del pan y el vino. Este sacramento generalmente tiene lugar en el contexto de la santa misa.

Comunión de los santos: Todos los miembros del Cuerpo de Cristo, la Iglesia, en el cielo, en el purgatorio y en la tierra.

confesionario: El lugar del templo destinado a la celebración del sacramento de la penitencia. El penitente tiene la opción de confesarse cara a cara con el sacerdote o hacerlo anónimamente detrás de una celosía.

Confirmación: Un sacramento de iniciación en el que el católico es ungido con el santo óleo y se convierte en miembro pleno, adulto, de la Iglesia Católica. Durante la celebración de este sacramente, el Espíritu Santo pasa a habitar de modo muy especial el corazón de quien lo recibe, y lo bendice con gracias especiales.

convento: Edificio que alberga una comunidad de hermanas religiosas.

crucifijo: Una cruz con la imagen de Jesús como Salvador sufriente. Los católicos consideran el santo crucifijo un objeto reverenciado de devoción privada o pública que es un recordatorio del sufrimiento triunfante de Cristo.

Cuaresma: Tiempo penitencial que comienza el Miércoles de Ceniza y concluye antes de la misa del Jueves Santo.

cuarto confesionario: (ver **confesionario**).

diácono: Miembro del clero que ha sido ordenado para el servicio al pueblo de Dios y tiene un rango inferior al de los obispos y sacerdotes. El papel del diácono es atender las necesidades corporales y espirituales de la comunidad y ayudar en la predicación de la palabra de Dios. Hay dos tipos de diaconado: transicional y permanente (ver **diaconado transicional** y **diaconado permanente**).

diácono permanente: Hombre casado o soltero que es ordenado como diácono y permanece como tal de modo permanente. Para convertirse en diácono permanente, un hombre tiene que (1) estar calificado, soltero y tener veinticinco o más años de edad o (2) estar calificado, casado, tener treinta y cinco o más años de edad y contar con el consentimiento de su esposa. Una vez ordenado, el diácono permanente no puede casarse (si era soltero) o volverse a casar (si era casado).

diácono transicional: Hombre que ha recibido el orden de diácono en preparación al orden del sacerdocio.

días de precepto: Dias dedicados especialmente a la adoración a Dios. Ellos incluyen cada uno de los domingos del año y otras fiestas seleccionadas por la Iglesia. A todos los católicos se les exige participar esos días en la misa.

diócesis: "Una comunidad de fieles cristianos en comunión en la fe y en los sacramentos con su obispo ordenado en la sucesión apostólica" (*CIC* 833). La diócesis atiende un área geográfica específica y la dirige un obispo. La diócesis está compuesta por parroquias que son dirigidas por párrocos.

(Dios) Espíritu Santo: La tercera Persona de la Santísima Trinidad. Dios Espíritu Santo es el abogado que Jesús prometió antes de su ascensión al cielo. El Espíritu Santo descendió sobre los apóstoles en Pentecostés.

Dios Hijo: La segunda Persona de la Trinidad. Dios Hijo vino a la tierra en la persona de Jesucristo para salvar al pueblo de Dios del pecado. Las enseñanzas de Jesús pueden hallarse en el Nuevo Testamento.

Dios Padre: La primera persona de la Santísima Trinidad. Dios Padre es primeramente revelado al pueblo de Israel en el Antiguo Testamento.

discernimiento: Este es el tercer periodo del RICA y el periodo final que conduce a la Vigilia Pascual y a la recepción de los sacramentos. Este periodo pone énfasis en la importancia que tiene la oración tanto para quienes buscan la iniciación en la Iglesia como para la comunidad parroquial, y es también otra oportunidad para el estudio y la búsqueda de dirección espiritual.

epístolas: También se les llama cartas; constituyen gran parte del Nuevo Testamento. Las epístolas generalmente se dividen en cartas paulinas y cartas católicas. Las cartas paulinas fueron escritas por san Pablo o por sus discípulos a nombre suyo. Las cartas católicas fueron escritas para una audiencia más universal por varios autores entre los años 65 y aproximadamente 95 d.C.

espónsor: El papel del espónsor es el de brindar apoyo y estímulo durante el proceso del RICA y, después, presentar al candidato cuando le llega el momento de recibir los sacramentos. Los requisitos que debe cumplir un espónsor son los mismos que se demandan de un padrino o madrina.

estola: Estrecha banda de tela que se lleva alrededor del cuello y los hombros y que simboliza "el yugo del Señor". Los sacerdotes llevan la estola durante la celebración de todos los sacramentos. Los diáconos pueden llevar también una estola, pero solo diagonalmente sobre un hombro.

Evangelio: Significa "buenas nuevas". Un evangelio es uno de los cuatro relatos de inspiración divina que tratan de la vida, las enseñanzas, el sufrimiento, la muerte y la resurrección de Jesucristo. Los Evangelios incluyen los libros de Mateo, Marcos, Lucas y Juan.

facistol: Podio de madera o metal desde el que se presentan todas las lecturas no escriturales y se dirigen los cantos.

fe: Es tanto una gracia como el acto humano de saber que somos amados y apreciados por Dios. El *Catecismo* amplía el concepto al decir que "'La fe trata de comprender'; es inherente a la fe que el creyente desee conocer mejor a aquel en quien ha puesto su fe... La gracia de la fe abre 'los ojos del corazón' para una inteligencia viva de los contenidos de la Revelación" (*CIC* 158).

fiestas: Días designados para remembranza y celebración de un santo, un hombre o mujer de Dios o un acontecimiento de especial significación para la Iglesia.

genuflexión: Acción de hincar brevemente una rodilla en el suelo y hacer la señal de la cruz de frente al sagrario o tabernáculo.

Gloria: Antiguo himno de alabanza que comienza con el canto de los ángeles tomado del relato de Lucas acerca del nacimiento de Cristo.

hermana (religiosa): Mujer que es miembro de una orden religiosa. El *Catecismo* expresa que la vida religiosa es "una de las maneras de vivir una consagración 'más íntima' que tiene su raíz en el bautismo y se dedica totalmente a Dios" (*CIC* 916).

Hermano (religioso): Hombre que es miembro de una orden religiosa pero no está ordenado. El *Catecismo* declara ese estado "una de las maneras de vivir una consagración "más íntima" que tiene su raíz en el bautismo y se dedica totalmente a Dios" (*CIC* 916).

homilía: Generalmente, aunque no siempre, es pronunciada por quien preside la misa. Es una enseñanza o sermón en el que se explican las lecturas del día y cómo aplicarlas, en toda la plenitud de su significado a la vida de hoy.

infierno: El estado de "autoexclusión definitiva de la comunión con Dios y con los bienaventurados" (*CIC* 1033). Para que alguien vaya al infierno después de su muerte se requiere que haya muerto en pecado mortal y haya decidido, por propia elección, negarse a arrepentirse y haber rechazado el amor misericordioso de Dios.

iniciación: Comienzo de algo o algo que hay que culminar antes de convertirse en parte o miembro pleno de un grupo u organización.

inspirados (o de Inspiración Divina): Los libros de la Biblia son considerados de inspiración divina porque sus autores fueron inspirados a escribirlos mediante la gracia y la ayuda del Espíritu Santo.

juicio final: Según se expresa en el Nuevo Testamento, el juicio final o general es el encuentro final con Cristo en su segunda venida, acontecimiento durante el cual toda la humanidad será juzgada.

juicio particular: Momento posterior a nuestra muerte en que Dios revisa nuestra vida y se nos envía al cielo, al purgatorio o al infierno.

laicado: El conjunto de los miembros de la Iglesia que no han recibido órdenes sagradas. El laicado está llamado a testimoniar la fe con sus vidas.

lámpara votiva: Luz o vela que se mantiene permanentemente encendida siempre que el Santísimo Sacramento está presente. Esta luz generalmente se encuentra cerca del tabernáculo o sagrario.

Leccionario: Libro que contiene un ciclo de tres años de las lecturas de las Escrituras correspondientes a los domingos y algunas fiestas, un ciclo de dos años para los demás días de la semana y un ciclo de un día para las fiestas de santos, así como lecturas para las misas rituales y las misas para las intenciones particulares.

lector: Persona que proclama las lecturas de las Escrituras, excepto los evangelios, durante el culto.

liturgia: El culto público oficial de la Iglesia. Incluye la celebración del sacramento y sacrificio eucarístico y la celebración de los demás sacramentos.

liturgia de la Eucaristía: Segunda de las partes principales de la celebración eucarística en el rito latino. Comienza con la presentación por el sacerdote del pan y el vino y las oraciones de ofrenda, le sigue una oración de gracias pronunciada por el sacerdote a la que la congregación responde con el "Santo, Santo, Santo", y la Plegaria Eucarística. A ello le sigue el rito de la Comunión, las oraciones finales, y el envío de los fieles.

liturgia de la Palabra: Primera de las partes principales de la celebración eucarística según el rito latino. Incluye la proclamación de la palabra de Dios una homilía sobre las Escrituras, la recitación del Credo, y la presentación de peticiones.

milagro: Signo o suceso maravilloso –como una curación o el control de la naturaleza– que solo puede ser atribuido al poder divino. Los milagros de Jesús fueron signos mesiánicos de la presencia del reino de Dios.

ministro de la música: Persona que durante la liturgia guía la música.

ministro extraordinario de la sagrada Comunión: Persona en la que se delega la administración de la Eucaristía después de haber sido consagrada por un sacerdote o el celebrante.

Misal Romano: Libro de oraciones y directivas para la celebración de la misa de otros sacramentos.

mistagogia: Etapa final del RICA que se extiende hasta Pentecostés y es un periodo de catequesis posbautismal. El propósito de la mistagogia es permitir que los recién bautizados reflexionen sobre su bautismo, aprendan más sobre su nueva fe y exploren las formas en que pueden ser llamados a servir a la Iglesia en el mundo y en su parroquia.

monasterio: Lugar en el que religiosos viven en reclusión, apartados del mundo exterior. Aplicable al lugar en el que residen monjes u otros religiosos enclaustrados.

monja: Si bien se utiliza comúnmente para describir a cualquier religiosa, este término realmente solo es aplicable a aquellas religiosas que llevan una vida monástica o de clausura, o sea, que tienen un contacto restringido con el mundo exterior.

monjes: Religioso miembro de una comunidad monástica. Entre las órdenes monásticas se cuentan la benedictina, la de los cistercienses y la de los cartujos.

Navidad: Llamada también la festividad de la Natividad de Jesucristo que se celebra el 25 de diciembre. Muchas de las costumbres relacionadas con la Navidad tienen origen en celebraciones paganas, pero estas han sido "cristianizadas" al adquirir significación religiosa.

Nuevo Testamento: Contiene veintisiete libros escritos en griego entre los años 50 y 140 d.C. Incluye los cuatro Evangelios, los Hechos de los Apóstoles, las epístolas de san Pablo, otras epístolas y el libro del Apocalipsis. El tema central del Nuevo Testamento es Jesucristo: su persona, predicación, muerte y resurrección salvadoras y su relación con nosotros.

obispo: Principal pastor y cabeza de una diócesis específica. De acuerdo con el Concilio Vaticano Segundo, los obispos "de modo visible y eminente, hacen las veces del mismo Cristo, Maestro, Pastor y Pontífice, y actúan en lugar suyo" (Constitución Dogmática de la Iglesia [*Lumen Gentium*], 21).

obispo auxiliar: Obispo que presta funciones de ayuda en una gran diócesis (ver **obispo**).

ofensas: Actos o pecados cometidos contra Dios u otra persona.

ofertorio: Parte de la misa en que el pan y el vino no consagrados son llevados hasta el altar y son preparados para ser ofrendados a Dios.

oración: Orar es elevar el corazón y la mente hacia Dios. Existen muchas maneras de orar y estamos llamados a participar tanto en la oración privada como de la de nuestra comunidad eclesial. Entre los diferentes tipos de oración se incluyen la bendición y la adoración, la petición, la intercesión, la acción de gracias, de alabanza y de contrición.

oración universal: Plegarias hechas a Dios por los fieles durante la misa. Estas plegarias generalmente incluyen peticiones por la santa Iglesia, por quienes gobiernan la Iglesia, por quienes padecen diversas necesidades, por la comunidad y por el mundo.

orden religiosa: Grupos organizados de religiosos que viven y trabajan unidos por un mismo carisma y con ministerios específicos en los que sus miembros toman parte (oración, servicio, enseñanza, cuidado de la salud, y otros). Los miembros de una orden religiosa toman, por lo general, los votos de pobreza, castidad y obediencia.

padrino o madrina: Persona elegida por el candidato que va a ser bautizado o por los padres del niño que se va a bautizar y que ha de servir como su mentor o mentora en la fe. Los padrinos han de tener por lo menos dieciséis años, ser católicos activos y practicantes, y estar dispuestos a aceptar el compromiso de acompañar al recién bautizado en su caminar por la ruta de la vida cristiana.

papa: Este es el título del obispo de Roma, el sucesor de san Pedro, el apóstol al que Jesús nombró cabeza de los apóstoles y cabeza de la Iglesia. Como cabeza de la Iglesia, el papa guía como pastor a todos los fieles a su cuidado.

párroco: De acuerdo con la ley canónica, "El párroco es el pastor propio de la parroquia que se le confía, y ejerce la cura pastoral de la comunidad que le está encomendada bajo la autoridad del Obispo diocesano, en cuyo ministerio de Cristo ha sido llamado a participar... cumple las funciones de enseñar, santificar y regir, con la cooperación también de otros presbíteros o diáconos, y con la ayuda de fieles laicos" (Canon 519) (ver **también párroco auxiliar**).

párroco auxiliar: Conocido también como vicario parroquial, un sacerdote que ayuda al párroco en la parroquia (ver **párroco**).

parroquia: Área geográfica de la diócesis a la que se ha asignado su propia iglesia y su párroco.

Pascua: Festividad móvil que se celebra en un domingo entre el 22 de maro y el 25 de abril. Esta fiesta celebra la resurrección de Jesucristo de entre los muertos. Se considera la mayor de todas las fiestas cristianas; el tiempo pascual se extiende durante cincuenta días que van del domingo de Pascua a la fiesta de Pentecostés (ver *CIC* 1170).

Pentateuco: Conocido también como la Torá. Es el nombre dado a los cinco primeros libros de la Biblia: Génesis, Éxodo, Levítico, Números y Deuteronomio.

Pentecostés: Último día del tiempo pascual del año eclesial. Ese día rememoramos la venida del Espíritu Santo a los apóstoles y cómo los hizo fuertes, les dio sabiduría y los llenó de entusiasmo por fundar la Iglesia.

Persona: Cuando se utiliza en referencia a la Santísima Trinidad, el término se refiere a una de las tres Personas de Dios: Padre, Hijo o Espíritu Santo.

peticiones: (ver **oración universal**).

pila bautismal: Cuenco grande o pequeña bañera que contiene el agua bendita utilizada para el bautismo. Cada iglesia parroquial debe tener una fuente bautismal que por lo general se sitúa en un lugar prominente y visible dentro del templo.

Plegaria Eucarística: El momento de la misa en que el sacerdote pide a Dios aceptar y bendecir los dones del pan y el vino.

Preguntas: La primera etapa del RICA. En esta etapa, la persona interesada está aprendiendo acerca de Jesús, la Iglesia, la oración, los santos y el modo de vida cristiano.

presbiterio: Área principal del templo en el que se encuentran el altar, el facistol, el tabernáculo y, a veces, la pila bautismal.

procesión: Grupo de personas que se desplazan juntas como parte de una celebración o acontecimiento especial. Durante la misa hay una procesión de entrada y una procesión de salida.

purgatorio: Estado transicional de aquellas almas que, habiendo recibido el fallo de ser merecedoras del cielo, son imperfectas en el momento de su muerte y deberán pasar una purificación final.

revelación divina: Dios se revela a sí mismo a la humanidad. Tanto la sagrada Escritura como la tradición son parte de la revelación divina.

rito: Ceremonia religiosa revestida de seriedad y basada en la tradición.

Rito de Iniciación Cristiana para Adultos: El Rito de Iniciación Cristiana para Adultos es el proceso para convertirse en miembro de la Iglesia Católica por el que deberán transitar quienes hayan rebasado la edad de la razón. El rito comienza con la entrada al catecumenado y culmina con la celebración de los sacramentos de la iniciación.

rosario: Meditación sobre los acontecimientos (llamados "Misterios") de la vida de Jesús y María. Los misterios se dividen en Gozosos, Dolorosos, Gloriosos y Luminosos.

sacerdote: Hombre ordenado mediante el sacramento de las órdenes sagradas para servir a los fieles. Está autorizado a practicar los sacramentos y celebrar la misa.

sacerdote religioso: A diferencia de un sacerdote diocesano, el sacerdote religioso pertenece a una comunidad religiosa y vive, por lo general, con su comunidad en vez de en su parroquia. Los sacerdotes religiosos hacen los mismos votos de los demás miembros de su misma orden, incluidos los votos de pobreza, castidad y obediencia.

sacramentos: Rituales de la Iglesia Católica surgidos de las enseñanzas de Cristo durante su tiempo en la tierra. Un sacramento es un signo físico de la presencia intangible de Dios en su Iglesia en la tierra.

sacramentos de iniciación: Los sacramentos recibidos para convertirse en miembro pleno de la Iglesia Católica: Bautismo, Confirmación y Eucaristía.

sacristía: Habitación cercana a o en la iglesia que es utilizada para guardar los vasos sagrados y otros materiales utilizados en la liturgia. Esta habitación es también utilizada por el sacerdote y otros ministros de la iglesia para prepararse para la misa y otros cultos.

salmo responsorial: Un salmo (proveniente casi siempre del Libro de los Salmos) cantado o recitado durante la misa entre la primera y la segunda lecturas en los domingos y principales días de fiesta, o entre la primera lectura y el evangelio en los restantes días.

santificar: reconocer y tratar a alguien como sagrado, u honrar o reverenciar.

Santísima Trinidad: Doctrina que declara que hay tres personas en un mismo Dios –el Padre, el Hijo y el Espíritu Santo– que están eternamente unidas en una comunión de amor.

santo: Persona que ha llevado una vida santa, está en el cielo y es honrada por la Iglesia universal (ver **canonización**).

santo patrono: Santos que son considerados patronos de grupos o causas específicos.

Santo, Santo, Santo: Canto de alabanza a Dios tomado del Libro de Isaías con el que comienza la Plegaria Eucarística.

Semana Santa: La semana anterior a la Pascua. Comienza el Domingo de Ramos (Pasión). Incluye el Triduo Pascual del Jueves Santo, el Viernes Santo y la Vigilia Pascual (ver **Triduo**).

seminario: Escuela para los hombres que desean formarse como sacerdotes.

tabernáculo: Lugar especial donde se guarda la Eucaristía consagrada. El tabernáculo deberá ocupar en la iglesia un lugar visible y prominente. Se le denomina también sagrario.

Tiempo Ordinario: Período del año litúrgico comprendido entre el final del tiempo de Navidad y el comienzo de la Cuaresma, y desde el lunes siguiente a Pentecostés hasta el comienzo de Adviento.

Torá: Conocida también como el Pentateuco, nombre que se da a los primeros cinco libros de la Biblia: Génesis, Éxodo, Levítico, Números y Deuteronomio.

Triduo: El Triduo Pascual es la celebración central del año eclesiástico e incluye las tres celebraciones que conducen a la Pascua, a saber: la misa de la Última Cena del Jueves Santo, la celebración de la Pasión del señor del Viernes Santo y la Vigilia Pascual de la noche del Sábado Santo.

ujier: Persona que recibe y despide a las personas antes y después de la misa, les ayuda a encontrar asiento y se ocupa de la colecta. También puede brindar su asistencia en las filas de los participantes en la Comunión.

vestimentas: Prendas de vestir simbólicas que usan los sacerdotes y diáconos durante las celebraciones litúrgicas.

vientre: Parte de la anatomía de la mujer en la que el niño crece antes de su nacimiento.

yugo: Pieza que se utiliza en las faenas agrícolas para unir, mediante una vara, al buey u otro animal a un arado del que tira. Cuando se utiliza en la frase "yugo del Señor" es un signo que quiere decir que quien lo lleva trabaja duro por Dios.